妈妈的习惯
影响孩子的一生

于志艳 ———— 著

苏州新闻出版集团

古吴轩出版社

图书在版编目（CIP）数据

妈妈的习惯影响孩子的一生 / 王志艳著. -- 苏州 ：
古吴轩出版社，2025. 5. -- ISBN 978-7-5546-2630-6

Ⅰ. G782

中国国家版本馆CIP数据核字第202554749L号

责任编辑：顾　熙
见习编辑：张士超
策　　划：仇　双
装帧设计：尧丽设计

书　　名：妈妈的习惯影响孩子的一生
著　　者：王志艳
出版发行：苏州新闻出版集团
　　　　　古吴轩出版社
　　　　　地址：苏州市八达街118号苏州新闻大厦30F
　　　　　电话：0512-65233679　　邮编：215123
出 版 人：王乐飞
印　　刷：大厂回族自治县彩虹印刷有限公司
开　　本：670mm×950mm　1/16
印　　张：11
字　　数：114千字
版　　次：2025年5月第1版
印　　次：2025年5月第1次印刷
书　　号：ISBN 978-7-5546-2630-6
定　　价：46.00元

如有印装质量问题，请与印刷厂联系。0316-8863998

前　言

在孩子呱呱坠地的那一瞬间，我们的人生也随之发生了翻天覆地的变化，我们不再只是自己，从此多了一个全新的身份——妈妈。我们从成为妈妈的那一刻起，便承担起教育子女的重任。

在孩子成长的道路上，妈妈作为孩子的第一位老师，对孩子的成长轨迹有着深远的影响。每个孩子都天生具有模仿大人的本能，尤其是对妈妈的模仿。妈妈的一言一行、一举一动，都会成为孩子学习的榜样。正如著名教育心理学家苏霍姆林斯基在《家长教育学》中所言："孩子人格能力发展的源泉，在于母亲的智慧与修养。"

心理学家武志红曾提出一个观点："你给了孩子恨，却妄想从他身上得到爱；你给了孩子痛苦，却妄想从他身上收获感激；你给了孩子阴影，却妄想他永远积极向上没有阴霾。这是永远不可能的。"每个孩子生来都是一张白纸，最终会变成什么样的人，很大程度上取决于我们的教育习惯。

当然，教育孩子不是一件简单的事，妈妈常常会遇到各种挑战和困惑。如何在繁忙的日常生活中找到平衡？如何解决孩子在不同阶段出现的各种问题？如何在尊重孩子个性的同时，引导他们养成良好的习惯和品德？妈妈需要具备一定的智慧和耐心才能很好地应对这些问题。

那么，如何培养出一个优秀的孩子呢？在探讨教育子女的问题时，我们注意到，在现代社会中，许多家长致力于提升孩子的智力发展，例如学习数学、语文、外语或培养艺术技能，却往往忽视了对孩子的生活技能、心态建设以及人际关系等非智力因素的培养。然而，实践表明，在人才的成长过程中，非智力因素起着非常重要的作用。家长在关注孩子智力发展的同时，也应重视非智力因素的培养，以帮助孩子全面发展，成为综合素质高的优秀人才。

在培养孩子成才的过程中，妈妈不仅仅是一个简单的陪伴者，更是一个重要的引导者。妈妈是孩子性格形成、习惯养成和价值观塑造的奠基人，妈妈的一言一行都如同涓涓细流，缓缓渗入孩子的心田，成为他们认知世界、塑造自我的源泉。总而言之，妈妈的教育习惯，对孩子的一生有着深远的影响。

通过阅读本书，妈妈能学习到众多行之有效的教育孩子的方法，并在持续的实践与感悟中，逐步养成兼具科学性、系统性以及高度个性化的教育习惯。当妈妈将这些方法内化为自身的教育习惯后，便能自然而然地成为孩子成长道路上最得力的引路人。

目 录

第一章　育儿先育己：妈妈的习惯里藏着孩子的未来

做好孩子的第一任老师 // 002

妈妈的习惯，是孩子一切行为的开端 // 005

做孩子的"示范者"，而不是"指挥官" // 010

给孩子爱，同时保持适度距离 // 015

第二章　有仪式感的妈妈：孩子热爱生活，心态好

陪伴和关注，是妈妈给孩子的珍贵礼物 // 022

为孩子营造积极的起床氛围 // 026

和孩子享受用餐时间 // 031

帮孩子爱上运动，受益匪浅 // 036

让孩子对生活充满期待 // 041

第三章 嘴甜的妈妈：孩子情绪稳定，情商高

把孩子当成"小大人"，平等沟通 // 046

耐心倾听孩子的想法 // 050

孩子爱表达，从妈妈开放式回应开始 // 055

借助夸奖法，做一个会表扬的妈妈 // 060

采纳"3T"原则来与孩子对话 // 065

给孩子了解你的机会 // 069

第四章 会共情的妈妈：孩子社交力强，受欢迎

允许孩子说"不" // 074

向孩子道歉并不丢脸 // 078

培养孩子换位思考的能力 // 082

从小事入手，引导孩子学会合作 // 086

教孩子如何对待陌生人 // 090

第五章 "佛系"妈妈：孩子高效自主，不用催

从陪写型妈妈转变为顾问型妈妈 // 096

和孩子一起制订学习计划 // 100

优秀孩子是"比"出来的，学会正确地比较 // 105

逐步让孩子爱上阅读 // 109

引导孩子与电子产品和谐相处 // 113

第六章　乐天派妈妈：孩子自信独立，有气场

成为孩子的"人生底牌" // 120

不把负能量带给孩子 // 124

给孩子试错的机会比防范失败更重要 // 129

孩子犯了错，用讨论代替责骂 // 134

激发孩子的"三重感" // 138

第七章　会"偷懒"的妈妈：孩子高瞻远瞩，有主见

妈妈恰到好处地放手 // 144

会管理时间的孩子，才能管好自己的人生 // 147

借鉴"SMART"目标管理法，锻炼孩子自己去做 // 151

为孩子提供独自花钱的机会 // 156

学会做人，是孩子的立身之本 // 161

生涯规划赶早不赶晚 // 165

妈妈的教育习惯，既是妈妈内在素养与行为习惯的体现，也直接影响着孩子的未来。因此，育儿先育己，这是一条颠扑不破的真理，也是开启优质家庭教育的关键。

　　育儿先育己，意味着妈妈要审视自己的行为习惯是否符合一个良好榜样的标准，以及自己的价值观是否能够引导孩子走向正确的人生方向。妈妈持续完善自我，将有助于孩子接受更优质的教育。

第一章

育儿先育己：妈妈的
习惯里藏着孩子的未来

做好孩子的第一任老师

　　一个乐观开朗的妈妈，会让孩子在充满阳光的氛围中长大，学会用积极的态度面对生活中的挑战；一个勤奋努力的妈妈，则会用自己的行动告诉孩子，通过不懈的奋斗可以实现自己的梦想；一个善良有爱的妈妈，会教会孩子如何关爱他人、尊重生命；一个坚强独立的妈妈，则会让孩子学会在逆境中不屈不挠、勇往直前。

　　当我们说"妈妈的习惯影响孩子的一生"时，并非否认爸爸在孩子成长过程中的重要作用，而是强调妈妈在孩子成长过程中的独特价值和重要性。妈妈因其独特的生理、心理和社会角色，往往在孩子成长的早期阶段发挥着更为显著的影响。

　　孩子对妈妈的依赖是一种天然的情感纽带，从出生的那一刻起，妈妈就成了孩子生命中最重要的角色。随着孩子的成长，这种依赖逐渐从生理需求转变为心理需求，成为孩子安全感和自信心的源泉。

孩子小的时候更依赖妈妈

"十月怀胎，一朝分娩"，这一生理上的紧密联系，让孩子自胎儿时期起，便与妈妈紧密相连。当生理上的脐带被剪断之时，这份联系便转化为一种更为深刻、更为复杂的情感纽带。

到了婴幼儿时期，孩子对妈妈的依赖表现得尤为明显。孩子非常抗拒与妈妈分开，把妈妈视为自己的"安全基地"。一旦感到不安，他们就会寻求妈妈的安慰。这是因为孩子在这个阶段还没有完全建立起对外部世界的信任，妈妈的陪伴是他们安全感的来源。

在陪伴的过程中，妈妈通过言传身教，耳濡目染地影响着孩子，教会孩子如何做人、如何做事，成为孩子心中最闪亮的榜样。

随着孩子逐渐成长，妈妈的角色悄然发生着变化，不再只是为孩子遮风挡雨的守护者，更是孩子成长道路上的引路人。

妈妈承担着教育孩子的重任

在传统与现代交织的社会结构下，众多家庭中，妈妈往往辛苦地肩负着多重职责，这是不争的事实。

妈妈不仅要精心照料孩子的生活起居，确保孩子的日常需求得到充分的满足，还要承担起教育的重任，全身心地关注孩子的心理健康和情感发展，引导他们形成健全的人格和正确的价值观。

孩子天生具有模仿的能力。在陪伴孩子的过程中，妈妈的情绪、言语和行为，都会被孩子看在眼里，成为孩子模仿与学习的对象。所以说，妈妈对孩子的影响是深远且持久的。

妈妈的习惯，
是孩子一切行为的开端

　　有一部名为《镜子》的家庭情感教育类纪录片，其片头是一个孩子的独白："我是一面镜子，我的面孔，能照出我是如何忠实于父母，无论是外表还是内心，与他们是多么相似。"此言非虚，追根溯源，父母的习惯就是孩子习惯的来源。家长向孩子传递什么样的能量，孩子未来就会拥有什么样的言谈举止和人生态度。

　　孩子天生就会模仿大人的语言和行为，尤其是模仿他们极度依赖的妈妈。孩子会关注妈妈的一言一行，感受妈妈的情绪变化，甚至连妈妈说话的语气和神态，都能学得惟妙惟肖。

　　可以说，妈妈的言行举止影响着孩子的习惯养成、性格塑造，以及品行、"三观"的形成。妈妈拥有良好的习惯，孩子才能受到更多的正向影响。反之，妈妈若有一些不良习惯，孩子也会模仿和学习，甚至有时候比养成好习惯更快。

有句老话，叫"玉不琢，不成器"，再好的玉也需要有好的雕刻师，才有可能成为稀世珍品。对于孩子来说，妈妈就是那个重要的雕刻师。很多时候并不是孩子不成器，妈妈首先要想清楚：自己是不是一个优秀的雕刻师。

妈妈在陪伴孩子成长的过程中，以一种细腻而深刻的方式，悄然影响着孩子的成长轨迹。这种影响如同春雨般润物细无声，渗透进孩子的方方面面，成为孩子人生道路上的坚实支柱。

生活习惯好的妈妈让孩子身心更健康

良好的生活习惯，不仅有助于塑造健康的身体，还能够帮助人们拥有积极向上的生活态度，使人更加热爱生活，保持身心健康。

有大量研究表明，一个人的生活习惯多是在孩童时期形成的，而这些习惯的形成往往与他们的妈妈息息相关。妈妈的生活习惯以及对待生活的态度，都会对孩子产生深远的影响。

每个孩子从小到大，都会在妈妈的影响下形成许多生活习惯。比如，妈妈平时早睡早起，孩子也自然养成了不赖床的习惯；妈妈喜欢看书，孩子也会照着妈妈的样子，经常捧着一本书翻阅；甚至连妈妈的饮食习惯都会传给孩子。

总之，一个拥有良好的生活习惯的妈妈，能为孩子营造一个健康、有序的成长环境，帮助孩子培养积极的生活态度，并形成健康的生活方式。

妈妈是孩子情感教育的第一任老师

妈妈的情绪稳定、积极，遇到问题不抱怨、不责备，孩子自然也会阳光乐观，内心充满安全感和幸福感。这种积极向上的心态会赋予孩子强大的内心力量，助力他们在日后能勇敢地面对困难和挑战。

然而，如果妈妈的情绪消极、容易暴躁，孩子往往会表现出内向、懦弱、不自信的特点。时间久了，孩子甚至可能会出现抑郁倾向。

可见，妈妈的情绪倾向对孩子的性格塑造有着很大的影响。妈妈的每一个情绪反应、每一次处理问题的方式，都会在孩子的心中留下深刻的印记。妈妈的积极情绪能够为孩子营造一个充满爱与温暖的成长环境，而消极情绪则可能让孩子在成长的道路上充满坎坷。

身为妈妈，意识到自己在孩子情感教育中的重要性，努力保持积极乐观的心态，不仅是为了自己的幸福，也是为了孩子能够健康、快乐地成长。

"三观"健康的妈妈是孩子的榜样

　　所谓"三观"健康,是指一个人在世界观、人生观和价值观上表现出积极、平衡和适应社会发展的态度和行为。

　　孟母三迁、岳母刺字等脍炙人口的故事,无一不彰显了妈妈的"三观"对孩子成长的重要影响。"三观"健康的妈妈,懂得如何引导孩子正确看待世界,帮助孩子构建积极的人生观和价值观。

　　俗话说,正人先正己。为了能更好地引导孩子成长,妈妈也应当持续学习、不断反思、追求卓越,成为孩子为人处世、待人接物的榜样。

正如教育家苏霍姆林斯基所言："每一瞬间，你看到孩子，也就看到了自己；你教育孩子，也就是教育自己，并检验自己。我们当父母的对了，孩子自然就对了。"

做孩子的"示范者"，而不是"指挥官"

我经常跟很多妈妈讲，在教育孩子的过程中，家长给孩子立规矩是有必要的。

我们给孩子立规矩的目的，应当是促进孩子变得更优秀。然而，不少家长误解了规矩对孩子的作用，错误地把规矩当成控制孩子的手段，以此让孩子变得顺从，满足家长的期望与要求。结果，这些规矩非但没有成为孩子成长的助力，反而成为他们的沉重负担，甚至让孩子感到压抑与痛苦，进而滋生出强烈的抵触情绪。

因此，在设立规矩、执行规矩时，妈妈应当充分尊重并考虑孩子的感受与需求，让规则成为指引他们前行的灯塔，而非束缚他们心灵的枷锁。这样，孩子才能明白这些规矩是为了帮助他们形成良好的行为习惯与价值观念。

规矩不是惩罚手段，而应该是一种奖励手段

有的家长为了让孩子更听话，经常把规矩视为对孩子的惩罚手段。然而，若想让规矩在孩子身上真正发挥正面的效用，家长就不能将其视为惩罚手段，而应将其视为一种奖励手段。

那么，如何判断是将规矩当成惩罚手段还是奖励手段呢？

例如，孩子放学回家看电视，迟迟不愿写作业时，家长采取了禁止孩子一周内看电视、取消原定的出行计划等措施。这种做法实际上就是将规矩当作惩罚手段。面对这样的执行方式，孩子往往不会思考如何遵守规矩，而是想方设法逃避惩罚。

相比之下，家长可以对孩子说："如果现在你能主动关掉电视，周末就可以多看 10 分钟电视哟！"在这句话中，"主动关掉电视"就成了孩子的追求目标。为了达成目标，孩子会将更多的注意力放在如何遵守规矩上。这就是将规矩视为奖励手段的体现。

当孩子意识到某个规矩对自己有好处后，他们也会很乐意朝着家长期望的方向努力。此时，我们需要做的，就是适时引导孩子，在孩子不能很好地遵守规矩时，给予提醒，让孩子逐渐成长为一个自律的人。

试想一下，当我们教导孩子要诚实守信时，自己却常常做出承诺又不兑现，这样的失信行为无疑会在孩子心中埋下疑惑的种子。他们会感到困惑：为什么大人们可以这样做，而我不行？

孩子天生就是模仿者，他们会观察并学习大人的一言一行。所以，我们要以身作则，确保自己的言行一致。只有这样，我们才能赢得孩子的尊重与信任，让他们愿意跟随我们的脚步成长。

比如，我们希望孩子热爱阅读，那么我们自己就应该在闲暇时间拿起书本，而不是总沉迷于手机或电视。如果我们只是不断地告诉孩子阅读有多重要，而自己却从不读书，那么这些口头教育只会显得苍白无力。

再比如，我们希望孩子学会尊重他人，那么我们自己就应该在日常生活中表现出对他人的尊重。无论是在公共场合保持礼貌，还是耐心听取他人的意见，我们的行为都会直接影响孩子。如果我们经常对他人出言不逊，或者总是固执己见，那么孩子也会学会这种不尊重他人的行为。

以身作则是一种无声的教育，它比任何口头上的说教都要有效。通过我们的实际行动，孩子能够更好地理解并吸收我们希望传达的价值观和行为准则。

做好自己，与孩子共同成长

在养育孩子的路上，很多妈妈都为孩子做出了或多或少的牺牲，比如，挤压个人的时间、空间，甚至放弃自己的爱好、工作，把更多的精力用在孩子身上。有的妈妈为了让孩子领情，会经常对孩子说："我是为了你才……"结果，不仅自己身心疲惫，孩子在这样的压力下也透不过气，甚至会产生深深的负罪感。

　　真正的母爱，并非一味地牺牲与奉献，而是在于找到与孩子共同成长的平衡点。妈妈要意识到，自身的成长与幸福同样重要。自己过得好，才能为孩子树立一个积极向上的榜样，才能让母爱以更加健康、和谐的方式流淌。

给孩子爱，同时保持适度距离

在很多妈妈看来，自己与孩子之间最好的关系就是亲密无间。事实上，最理想的亲子关系应该是不远不近的，追求一种恰到好处的距离感。

随着年龄增长，孩子的自主意识增强，如果彼此靠得太近，毫无界限，往往容易滋生摩擦与冲突；反之，如果彼此疏远，又会显得生分、有隔阂。只有在彼此间找到一个适度的相处距离，才能体验到亲子间舒适与自然的情感氛围。

孩子渴望拥有自由空间，这是完全可以理解的。你不妨换位思考一下，自己时时刻刻都处在被人关注、被人监督的状态下，没有独处的时间和空间，你会感觉舒适吗？你会在这样的环境下与对方关系更加亲密吗？我想没有几个人能接受这种状态。

我相信每一位妈妈都全心全意地爱着自己的孩子。在这份爱中，我们要与孩子保持适度的距离，给予孩子足够的尊重与适度的自由，特别是在孩子逐渐长大，自我意识日益增强后。

这样孩子既能深切地感受到你的爱，又不会因此感到压抑或受束缚。

让孩子拥有自己的空间和时间

让孩子拥有自己的时间和空间，是我们与孩子相处时应遵循的重要原则。比如，在制订家庭出行计划时，也要询问孩子的时间安排，充分尊重孩子的意见和感受。再比如，孩子把房门关上了，我们要先敲门再进入。

用这种方式与孩子相处，孩子不会感到自由被剥夺或空间被侵犯，能从心底感受到来自妈妈的爱与尊重。这不仅能使亲子关系更加和谐融洽，还有助于培养孩子的独立性。

妈妈要学会适度放手，给予孩子足够的自由，同时默默关注孩子的每一步成长，并在关键时刻及时提供必要的支持与引导。

不将自己的意愿、梦想强加给孩子

孩子出生之后，家长便不遗余力地为其安排好方方面面，从饮食起居到教育培养，无一不细致入微。然而，随着时间的推移，孩子逐渐长大并拥有了自主意识，但很多家长仍然习惯于按照自己的意愿去规划孩子的未来，而没有顾及孩子的个人意愿和梦想。

我们应该尊重孩子的意愿和梦想，不给孩子施加过多的压力和不切实际的期望，避免将自己的意愿、梦想强加给孩子。

每个孩子都有自己的潜力和成长节奏，正如每一颗种子都有其独特的生长周期与绽放方式。我们应当扮演起园丁的角色，细心观察孩子的个性与特质，为他们提供适合的成长环境，而非强求其按照既定的模式快速成长。

当孩子分享自己的想法、梦想时，我们要保持宽容和开放的态度，尽量理解他们的立场和感受，而不是急于发号施令或进行批判。

孩子感受到自己的想法被认真倾听与尊重后，他们将更自信地展现自我，也将更深刻地理解人与人之间相互尊重的重要性。

做到"非请勿帮，请了适当帮"

很多时候，孩子一遇到问题，妈妈马上就会伸出援手。然而，这样做往往吃力不讨好，削弱了孩子独立解决问题的能力。我们应当秉持"非请勿帮，请了适当帮"的原则，这既是对孩子能力的认可与尊重，也是一种培养孩子自主性的有效方式。

例如，我儿子有时在学习或生活上遇到了问题，如果他不主动找我帮忙，我即使很想帮，也会克制住这种冲动。有时比较担心，我就会跟他沟通一下："你需要妈妈帮忙吗？""你觉得自己现在遇到的最大的难题是什么？"这既向孩子表达了我的关注，也给了孩子相对自由的空间，让他可以自己独立思考和决定。这时，不管孩子需不需要我帮忙，他都获得了一个重要信息：妈妈愿意帮助我，但她更尊重我自己的想法和决定。这样的信息对于构建亲子关系，促进彼此间的良性沟通，是非常重要的。尤其是对于自我意识逐渐增强的孩子来说，妈妈这样做显然满足了他们被尊重、被信任的心理需求。

即使孩子主动开口请妈妈帮忙了，妈妈也不要马上大包大揽地一下子帮孩子解决问题，而是多给提示和指导，鼓励孩子尽可能自己解决问题。在这个过程中，你与孩子之间既保持了适度的距离，又让彼此间的关系更融洽、和谐。

有仪式感的妈妈，宛如生活的艺术家，精心雕琢着平凡日子里每一处细节，让孩子在充满诗意与温馨的环境中健康成长。

日常生活中的仪式感，是妈妈给予孩子的无比珍贵的礼物。在这些小小仪式的滋养下，孩子会逐渐成长为一个懂得珍惜、善于发现、充满热情的人，拥有在琐碎生活中感知幸福与美好的能力。无论面对何种境遇，孩子都能心怀希望，不减对生活的热爱。

第二章

有仪式感的妈妈：
孩子热爱生活，心态好

在日常生活中，许多事情可能显得单调且重复。然而，当妈妈在身边陪伴时，这些瞬间仿佛被魔法棒触碰，化作独特的仪式，让孩子感受到自己是如此特别，被深深关爱着。这些珍贵的记忆就像一串串珍珠，串联起孩子的童年时光，让他们在回顾往事时，充满了对生活的热爱和对亲情的眷恋。

经常听到有人说这样一句话："陪伴是最长情的告白。"我想，父母与孩子的相处也是同样的道理。只有家长耐心陪伴，孩子才能感受到被爱。

当然，有的妈妈可能会认为："我每天都和孩子在一起，这不就是陪伴吗？"

陪伴并非只是简单地与孩子共处一室，陪在孩子身边不等于高质量陪伴。比如，妈妈和孩子虽然坐在一起，却各自沉浸在自己的世界中，大人在一边玩手机，孩子在另一边自己玩玩具，甚至大人对孩子的呼唤也置若罔闻。这样的陪伴，其实质上并无太多意义。

那么，到底什么样的陪伴才是真正有益于孩子成长的呢？

陪伴质量胜于时长

在现代社会的快节奏背景下，许多家长因忙于工作而难以抽出大量时间陪伴孩子，常常感到内疚。然而，研究表明，家长陪伴孩子的核心不在于时长，而在于陪伴的质量。高质量的陪伴并不需要家长时刻在孩子身边，而是需要家长在有限的时间内给予孩子最真诚的关注，了解他们的内心世界，从而建立更紧密的情感联系。

家长可以利用每天的固定时间，如睡前时间，与孩子进行深入的交流。在这个过程中，家长可以倾听孩子讲述一天中的所见所闻，分享他们的喜怒哀乐，而不仅仅是询问作业完成情况。

那些因工作原因无法每天陪伴在孩子身边的家长，可以利用现代科技手段，如视频通话，与孩子每天保持联系，了解他们的日常生活，表达关心和爱护，这也是一种有效的陪伴方式。尽管不能面对面，但隔着屏幕传递的关爱同样能够温暖孩子的心灵。

总之，陪伴孩子并不是说我们待在孩子身边时间越长越好。有些妈妈虽然每天陪孩子的时间有限，但若能以高质量的方式陪伴，这要比长时间却无效地待在孩子身边有意义。

及时回应是关注的体现

每个孩子在玩耍或学习时，都是渴望得到妈妈的关注与回应的。例如，我儿子小时候喜欢跳蹦床，每当他快速地向高空弹起时，在紧张和刺激之余，他总是期待能得到我的注视。所以，每当高高跃起时，他都要大声地呼喊："妈妈，你看我！"这时，我会满怀欣喜地注视他，并热情地回应："哇，你飞起来啦！"对我儿子来说，这不仅代表妈妈一直在关注着他，也是妈妈对他有勇气的肯定。

孩子希望妈妈能看到他们的快乐与成就，并从中获得赞赏和鼓励。而当真正感受到妈妈的认可时，他们内心会感到无比幸福和满足。及时回应，正是我们陪伴孩子、传递情感的重要方式。

✋ 不要带着坏情绪陪孩子

有些家长虽然会抽出时间陪伴孩子，但往往带着负面情绪，显得不情愿。例如，在决定带孩子出去玩后，他们会抱怨自己在工作中已经非常辛苦，现在还要抽出时间来陪孩子玩耍，感到疲惫不堪；或者在陪伴孩子的时候，他们仍然无法放下手头的工作，显得心不在焉。这些家长把陪伴孩子看作负担，而不是一种幸福和快乐的源泉。然而，孩子是非常敏感的，他们能够敏锐地感受到家长的情绪。这种带有消极情绪的陪伴不仅不能带给孩子快乐，反而会让孩子感到内疚和不安。

真正的陪伴不仅仅是时间上的投入，更是心灵上的交流。家长需要放下工作和生活的压力，全心全意地投入陪伴孩子的过程中。

为孩子营造积极的起床氛围

每天早上，有的孩子会赖床不起，一开始家长还能用温柔平和的语气叫孩子起床，如果叫几遍后孩子还是迟迟不肯起来，家长就会提高音量命令孩子"赶紧起床"。如果孩子仍然无动于衷，家长的耐心就消耗完了，开始大声训斥孩子："快点！别逼我揍你！"我相信，这种情况在很多家庭中发生过。家长和孩子之间常常因为起床问题产生冲突，我管这叫"起床战争"。

《美国医学会杂志》曾提出："暴力叫醒"孩子的方式，只会让孩子心慌、情绪低落、冲动易怒。家长因为时间紧张而焦虑，也影响自身情绪，甚至引发亲子冲突。

我们最好避免使用类似"我没时间跟你耗""再不起床就揍你了""不想起就再也别去上学"等话术来叫孩子起床，毕竟早晨是一天的开始，如果用这种方式把孩子叫起来，孩子的心情就会受到影响，很可能一天都不开心。更重要的是，孩子带着这种情绪去学校，也很难专注于学习。

有的妈妈说："我也想让孩子一整天都拥有好心情，可是早晨叫孩子起床很难呀，他就是不肯利索地起床，该怎么办？"

我很理解妈妈的心情，但如果静下心来想想，很多时候，我们习惯不断地催促孩子来适应成人的快节奏，却忽略了孩子本身也有自己的节奏。

妈妈需要多些耐心，去发现和理解孩子的节奏，共同创造一个和谐、美好的早晨。这样，孩子不仅能在一天之初就拥有好心情，还能将这种积极的情绪带到学习中。

妈妈可以尝试以下几种方法，让孩子起床的过程变得更加和谐与愉快。

✋ 用"早上好啊"代替"快点起床"

以我自己为例，早晨我一般会提前 10 分钟进入孩子的房间，先打开台灯。台灯柔和的光线会帮我们唤醒孩子的视觉系统，让他们自然醒来。随后，我以愉快的语调对他说："天亮了，早上好啊！"偶尔，孩子醒来后会向我伸出小手，渴望一个温暖的拥抱，这时我会俯身亲昵地抱一抱他。等我起身后，孩子基本也就随之坐起来穿衣服了。

如果你的孩子睡眠较深，早晨不容易叫醒，我建议你试试这个方法：用抚摸的方式叫醒孩子。早晨进入孩子的房间后，先轻声地说："早上好啊！该起床了。"接着，轻轻地抚摸孩子。在抚摸孩子时，动作一定要轻缓、温柔，并且注意抚摸顺序，要从孩子的手部开始，然后是小臂、上臂、脸颊。如果在冬天，可以隔着被子操作。

在找到一种孩子喜欢且有效的唤醒方式后，就坚持使用，不要随便更换。这样可以让孩子形成习惯，并从中获得充足的安全感。

在一般情况下，孩子早起上学的时间是固定的。如果需要调整起床时间，可以提前一晚提醒孩子，让他在心理上有准备，减少突然被唤醒的不适感。

采用柔和且有趣的铃声唤醒孩子

与孩子协商好起床时间后，巧妙地设置起床闹铃。可以选用孩子喜欢的轻柔音乐，或是有趣的自然声音，比如用鸟鸣声、海浪声作为闹钟铃声。记得将闹铃音量调至适中，或者设置为音量逐渐增大模式，以免突如其来的高分贝声音吓到孩子。

此外，最好将闹钟放置在孩子难以轻易触及的地方。当第二天闹铃响起时，孩子即便还想继续睡觉，也必须起身去关闭它。这样能让孩子经历一个从睡眠到清醒的过渡阶段，从而使大部分睡意被驱散。

增加孩子对起床的期待

给予孩子一定的选择权，比如让孩子自己决定第二天穿哪双鞋，或者早餐吃什么。这种小小的自主权能让孩子感到被尊重，从而更加积极地参与到早晨的准备中来。

还可以为孩子设计一个简单的"早晨小任务"清单。清单上包括穿衣服、刷牙、洗脸、整理床铺、喝一杯温水等小任务，每项任务完成后，孩子可以在清单上打钩。如果每天都能圆满完成任务，就在周末给孩子颁发一朵小红花作为鼓励。当小红花积累到一定数量时，孩子便可以用它们来换取一个自己心仪已久的小礼物。由此带来的成就感不仅能激励孩子更快地完成起床后的准备工作，还能在潜移默化中培养孩子的自主性和责任感。

增加孩子对起床的期待，让每一个早晨都成为孩子的美好开始，让他们珍惜每一个与家人共度的早晨。

和孩子享受用餐时间

经典动画片《樱桃小丸子》中有一集，讲的是小丸子一家人打扮得光鲜靓丽，准备全家一起出去吃一顿牛排大餐。可他们去了好几个餐馆，都是满客，一家人只得饿着肚子回家吃面条。但小丸子发现，虽然没有吃到牛排，但只要一家人坐在一起吃饭，就会感到很开心。

许多孩子对幸福的理解很模糊，也说不出什么深刻的道理，但有家人陪伴的每一顿饭里都包含着幸福的味道，温暖着他们幼小的心灵。

家长与孩子一起吃饭，对孩子的健康和幸福的重要性可能超出你的想象。有研究表明，家长每天与孩子一起愉快进餐，可以促进孩子的情感发育。若能持续这一习惯至孩子青春期，甚至能降低孩子抑郁、轻生等概率。

为了增进家人间的情感联系，促进孩子的健康成长，建议家长尽可能多地腾出时间与孩子一同用餐。这样的共同用餐时光，不仅能够加深亲子关系，还能为孩子树立健康饮食的榜样。

让孩子享受用餐时间，我们要注意以下几点。

✋ 不要在吃饭时批评孩子

许多家长可能都有这样的感受：平时工作忙，几乎没有什么时间与孩子沟通，只有在吃饭的时候，一家人才能凑在一起，就利用这个时间教育孩子或是询问孩子的学习情况。

如果孩子在进餐过程中受到训斥，或者用餐氛围紧张，很容易影响他们的心情和食欲，进而导致消化不良。

将餐桌设定为一个快乐的小角落，而非评判与指责的场所。这样孩子可以放松地享受美食，同时也能感受到家的温暖。

✋ 吃饭时不看电视和手机

孩子在吃饭时，可能会满怀期待地想要和大人说说话，分享一天中快乐的瞬间，或者倾诉心中的烦恼。然而，如若大人却全神贯注地盯着屏幕，沉浸在电视或手机的世界里，孩子就会感到被忽视，觉得自己的感受和需求不被重视。

因此，建议在用餐时间关闭电视，放下手机，营造一个良好的家庭氛围。在这个时候，家长可以全心全意地倾听孩子的话语，并给予他们及时的回应和关怀。

与此同时，还有一些家长在用餐时吃得特别快，早早地吃完饭就匆匆离开饭桌，迫不及待地去看电视、玩手机或者忙于其他事务，留孩子孤零零地吃饭。在这种情况下，孩子容易感到孤独和失落，认为自己被轻视了。

家长应该尽量放慢用餐速度，与孩子同步吃完饭，陪伴孩子度过整个用餐过程，给予他们足够的关注和陪伴。此外，家长在陪伴孩子用餐的过程中，还可以培养他们良好的餐桌礼仪，养成良好的用餐习惯。

接纳孩子挑食

很多妈妈会因孩子的挑食问题而烦恼。每到吃饭时间，总是不厌其烦地叮咛："不要挑食，各种食物都要吃才能营养均衡。""一定要多吃青菜。""鸡蛋有营养，不喜欢吃也得吃。"

其实，孩子挑食是再正常不过的一件事。我们与其在吃饭时指责孩子挑食，甚至逼孩子吃下他们不想吃的食物，导致他们对吃饭产生反感情绪，不如放平心态，尊重孩子的意愿，让孩子决定吃什么或不吃什么。

孩子的自我意识逐渐增强，如果妈妈不尊重他们的选择，他们可能会出于逆反心理而故意抗拒。比如，妈妈越让孩子吃某种食物，孩子就越会故意拒绝。过度的强迫不仅无益，反而可能加剧孩子的挑食行为。

在用餐问题上不要过多限制孩子

很多妈妈在孩子的饮食方面有双重困扰：一方面担心孩子营养不足，总是希望孩子多吃，不断给孩子夹菜添饭；另一方面又担心孩子养成剩饭剩菜的不良习惯，因此会要求孩子必须吃完碗里的饭菜，有的妈妈甚至会强迫孩子吃完。殊不知，这样做不仅可能让孩子对吃饭产生厌恶感，觉得吃饭就是在受罪。

我个人在用餐的问题上，从不会过多地限制孩子，比如必须吃什么或吃多少。这样一来，孩子在吃饭时能保持轻松愉快的心情，不用担心因吃饭问题受到批评。同时，这也培养了孩子自主选择和自我控制的能力，让他们学会更加健康、更加合理地享受用餐时光。

帮孩子爱上运动，受益匪浅

"儿童的精神生活、世界观、智力发展、知识的巩固性、对自己力量的信心，都取决于他生命的活力和精力的充沛程度。"这是著名教育心理学家苏霍姆林斯基的观点。

好动是孩子的天性，那些爱运动的孩子，也总会给人阳光、活泼、健康的印象。

运动对孩子的好处实在太多了，除了众所周知的能强健体魄、促进骨骼生长外，还对孩子的心理健康大有裨益。运动是一种有效的调节情绪的方式，能帮助孩子在压力大或情绪低落时释放压力，恢复内心的平静。

不过，当下不少孩子都缺乏锻炼。诚然，这不能完全归咎于家长没时间带孩子运动，毕竟，在高楼林立的都市环境中，钢筋水泥的建筑群限制了孩子的活动空间。作为家长，我们应当积极鼓励孩子参与体育活动，让他们在运动中感受快乐。当然，如果家长能陪孩子一起运动那就更好了。

有一位生物学家曾说过，在父母的带领下运动的孩子，未来养成锻炼身体的习惯的概率是其他孩子的 1.5 倍。就我自己来说，会专门抽出时间陪孩子运动，比如在周末带孩子去跑步、打羽毛球、爬山等。每次孩子都玩得特别开心，还会跟我说很多知心话，让我有机会更多地了解他心里的想法、学习中遇到的困难等。

我相信，每一位爱运动的妈妈，都会成为孩子最好的榜样和最亲密的伙伴。

👏 引导孩子培养一项运动爱好

在孩子年幼、学习力强的黄金时期，妈妈可以引导孩子培养一项运动爱好，不仅能够锻炼孩子的身体，更能在潜移默化中塑造他们的性格。通过运动，孩子能够学会自我管理和坚持不懈的精神，这些品质对他们的未来有着不可估量的积极影响。

陪孩子运动，妈妈的角色不仅仅是陪伴者，更是榜样与引导者。避免"三天打鱼，两天晒网"式的随意性，要陪伴孩子持续运动，直到他们喜欢上该项运动，进而养成良好的运动习惯。

当孩子将运动融入生活，运动成为他们生命中不可或缺的一部分时，他们会发现，坚持运动带来的不仅仅是身体上的强健，更是心灵上的洗礼，使他们变得更加积极向上、充满活力。

保护孩子对运动的热情

    在我儿子还小的时候，我经常带他去游泳，他总是对此充满了极大的热情。看他玩得那么开心，于是我决定给他报游泳班，让他能系统地学习游泳技巧。然而，上了几次课后，我发现他开始有些抗拒，甚至跟我说教练很"凶"，这让他对游泳产生了抵触情绪，甚至渐渐讨厌这项运动。

我意识到,对于孩子来说,运动不仅仅是一项技能的学习,更是一种乐趣的体验。如果他失去了快乐,那么我何必强求呢?于是,我决定不再让他去上游泳课,而是自己陪他游泳。

在那之后,我开始更加关注儿子在游泳时的感受,而不是单纯地追求他在技能上的进步。我们不再拘泥于固定的训练计划,而是随心所欲地在水中嬉戏,这让他又重新爱上了这项运动。

有时,我们会比赛谁游得更快,有时则会一起玩水球游戏,甚至还会尝试一些简单的花样游泳动作。我注意到,当儿子不再感到有压力时,他反而在不知不觉中掌握了更多的游泳技巧。

作为家长,我们应当致力于为孩子营造一个热爱运动的环境,保护他们的兴趣与热情,而非单纯地追求他们在运动技能上的成就。更多地关注孩子的内心感受,倾听他们的声音,理解他们的需求,让他们在运动中感受到快乐和满足,从而在运动中收获更多,成为更健康、更快乐、更全面发展的孩子。

为孩子安排合理的运动量

每个孩子的年龄各异,体质也不尽相同。妈妈要根据孩子的实际情况,合理安排运动量,而不是看别的孩子运动多久,就要求自己的孩子也运动多久。运动量太小,可能达不到预期的锻炼效果;运动量过大,则容易导致孩子疲劳甚至受伤。

一般来说，如果孩子年龄较小，妈妈可以带孩子做一些模仿性的动作，如乌龟爬、小兔子跳等；或是做一些简单的游戏，如拍皮球、走平衡木等。随着孩子年龄的增长，妈妈可以陪孩子做一些稍具挑战性的运动，如游泳、打篮球、攀登等。

带孩子进行运动时，应遵循安全、科学、多样化的原则，以身体微微出汗作为基本的锻炼标准。在刚开始运动时，应让孩子的运动强度小一些，待其身体适应后，再逐步增加运动强度。

让孩子对生活充满期待

妈妈对孩子的爱细腻而真挚，不过，在日常生活中，孩子可能无法有效感知到。有的妈妈不理解，说："我每天辛苦地工作赚钱，努力为孩子提供优越的生活条件，这难道不是爱的体现吗？"

对于年纪尚小的孩子来说，爱的传递并不仅限于物质层面，它更多地体现在情感的交流、理解与陪伴之中。现在，你知道怎么对孩子表达爱意了吗？那就是经常说出来、做出来，这些行为能让孩子更直接地感受到妈妈的爱。

妈妈不妨每天早晨起床或临睡时对孩子说一句"我爱你""我喜欢你"，或者拥抱孩子、亲亲孩子。在潜移默化中，孩子也会学习妈妈的这种表达方式，懂得对自己亲近的人、喜欢的人表达情感。

让孩子学会享受生活、热爱生命

在一些家庭中，特别是那些唯分数论的家长看来，孩子的世界里只能有书本和考试。这种观念使得孩子感受不到生活的乐趣和丰富多彩，他们的喜怒哀乐完全被学习左右。

孩子不是学习的机器，家长不能单纯地以学习成绩的优劣来评判孩子的好坏。有些孩子在学习上不突出，但如果他们懂礼貌、有爱心，那么这样的孩子怎么能说不优秀呢？

042

不要让孩子的世界里只剩下学习，这是一件非常可怕的事情。如果孩子被沉重的学业束缚，没有时间去体验大自然的美好，没有机会去结交朋友和参与集体活动，久而久之，孩子会变得孤僻、缺乏自信，甚至出现厌学情绪和抑郁倾向。

教会孩子享受生活、热爱生命，才是教育的真正起点。如果孩子厌倦生活，不珍惜自己的生命，那么其他一切成就都失去了意义。

不要掩饰对孩子的爱意

大人在情感表达上往往是含蓄、委婉的，我们从小到大与父母交流时，很少听到父母直接表达"我爱你"。我们的父母更习惯于用行动或叮嘱来表达他们的关爱，比如"天冷了，多穿件衣服""多运动，对身体好"等。

如今，我们已为人父母，要摈弃"就算我不说，孩子也能知道我爱他"的旧有观念。对孩子而言，他们对爱的理解十分直接和简单。如果父母吝于表达爱意，孩子可能会误以为父母不爱自己。

如果你不将爱意直接表达出来，孩子又怎能感知到呢？因此，请毫不吝啬地表达你的爱，让孩子感受到你的关心，这样他们也会更愿意接受你的教诲。

专横强势的家长通常习惯于控制孩子的一切，使孩子在压抑的环境中成长。孩子内心充满了对大人的权威的畏惧，不敢表达自己的真实感受，常常处于紧张和不安之中。面对外界的挑战时，他们显得脆弱和无助。

语言是有力量的。嘴甜的妈妈会用温和、耐心的语气和方式与孩子沟通，让孩子在每一次对话中感受到爱与支持。这种积极的交流方式不仅能够增强孩子的自信心，还能帮助他们建立起积极的自我形象。

第三章

嘴甜的妈妈:
孩子情绪稳定,情商高

把孩子当成"小大人"，平等沟通

有些妈妈常常抱怨自己的孩子"不愿意沟通""总喜欢把事情憋在心里"，并且她们不知道为什么孩子不跟自己沟通。其实，面对妈妈的抱怨，孩子的想法可能是"妈妈根本不了解我""妈妈就知道唠叨，根本不听我的想法""除了学习，妈妈根本不跟我聊别的"。这样的代沟，自然让妈妈无法与孩子有效沟通。

在与孩子交流的过程中，许多妈妈常陷入一种惯性思维，认为孩子什么也不懂，只需要听就够了。实际上，这是个严重的问题。

当孩子想要表达，而妈妈却沉浸于自己的感受之中，忽视了孩子的心声时，这无异于在直接告诉孩子："我不想听你说，我根本不在乎你是怎么想的。"如此一来，孩子如何能感受到爱？他们感受到的只有不尊重和不关心。

尽管孩子年龄小，但他们同样是独立的个体，拥有自己的思想，虽然这些想法尚显稚嫩，我们也应该给予尊重，把他们当成"小大人"，与他们进行平等的沟通。

心理学研究表明，倾诉能减轻甚至消除一个人的心理压力。当人的内心充满困扰时，找到合适的倾听者进行倾诉是解决方法之一。身为妈妈，我们要学会与孩子进行有效沟通，成为他们信赖的倾听者。下面，与大家分享几个与孩子沟通的技巧。

给建议，不给强制性的指令

有些家长无论遇到大事还是小事，总是习惯性地独揽大权，强迫孩子必须无条件地服从自己的指令，理由往往是大人更有经验。这种做法延伸到了日常生活的方方面面，比如剥夺了孩子选择衣物的自由。

孩子也具备独立思考的能力，他们会根据自己的需求来权衡利弊，如果妈妈总是想让孩子听从自己的安排，那么孩子可能会因此错失成长的机会，永远无法真正地独立。

面对这种情况，妈妈可以尝试让孩子更多地参与到决策中来，学会自主做决定，帮助他们逐渐成长为独立、有主见的个体。同时，作为家长，我们也要适时为孩子提供建议和指导，确保他们朝着正确的方向成长。

沟通时与孩子保持视线平齐

由于身高差距，妈妈在与孩子沟通时常常会俯视孩子，而孩子要仰视妈妈，视角的不对等无形中给孩子带来了心理压力。而当你蹲下或坐下，与孩子保持视线平齐时，亲密无间的姿态会让孩子感觉到被尊重和平等对待的温暖。这不但有助于促进亲子间的友好交流，对培养孩子的自尊人格也很有帮助。

站在孩子的角度思考问题

亲子沟通中许多障碍的根源在于家长不尊重孩子，不允许孩子有不同的、独立的感受和想法。

法国经典文学作品《小王子》中有句话："每一个大人都曾经是个孩子，只是我们忘记了。"我们忘记了，自己曾经也那么想要自己做主，也那么在意一张贴纸、一架玩具飞机，虽然这些在大人眼中是不值一提的小事。因此，当我们的脑海中浮现"这么一点儿小事"的念头时，请提醒自己，孩子在乎的事，对他们来说就是大事。爱孩子，就要学会尊重孩子。

尊重孩子的一个有效方法，便是常常设身处地，从孩子的视角出发，考量他们的困扰与需求。尤其是在与孩子发生矛盾时，不妨先问问自己："如果别人这样对我，我会开心吗？""如果他不是我的孩子，而是我的朋友、同事，我会这样对他吗？"这两个简单的问题能引导我们站在孩子的立场上，感受他们的情绪。试想，若是我们自己都无法接受这样的对待，又怎能苛求孩子去忍受呢？

耐心倾听孩子的想法

很多家长在教育孩子时，往往采取单向传授的方式，即大人负责讲，孩子负责听。这种沟通模式是很容易让孩子心生抵触的，特别是随着他们的自我意识逐渐增强，抵触情绪可能会更加强烈。

太多的家长都习惯输出、下命令，而不擅长询问。每当孩子想解释什么的时候，家长就会气急败坏地打断，滔滔不绝地训斥："就知道狡辩，动不动就哭，哭，哭！"试想一下，孩子能高兴吗？久而久之，孩子又怎么会愿意跟家长敞开心扉沟通呢？

家长要意识到，亲子沟通应当是双向的，大人需要倾听孩子的想法和感受，而不是仅仅进行单向灌输。

在日本作家黑柳彻子所写的《窗边的小豆豆》中，校长小林宗作先生是一位非常温柔且善于倾听的校长，每次他都能认真、耐心地听学生小豆豆说话。六七岁的小豆豆，每次所说的无非是一些幼稚小事，但小林宗作先生却一点儿都不厌烦。这也让小豆豆十分喜欢自己的校长，甚至有感而发："自己有生以来第一次碰上了真正可亲的人，长这么大，还从来没有人用这么长的时间来听自己讲话呢。"

可见，被耐心倾听的孩子，内心有多么满足。即使是一些无足轻重的小事，孩子也会觉得像发现了宝藏一般，迫不及待地想要跟自己亲近的人分享。这时，大人的一点儿敷衍或不耐烦都会让孩子感到失落，也让他们不得不扫兴地闭上小嘴巴，不想再表达。

所以，我们要做一个有耐心的妈妈，做到认真倾听孩子的想法。

🖐 不要随意打断孩子

当孩子用他们那充满童趣和创意的话语与我们交流时，可能会说一些我们觉得很可笑、很幼稚的话，这时不要随意打断他们，表现出不耐烦的态度。耐心地听孩子说完，你会发现：孩子的世界充满了无限的想象和可能性，他们的每一个想法都值得被尊重和珍视。

当你在守护孩子这份宝贵的纯真与创造力时，你不仅能够更好地理解孩子，还能从中获得新的视角和灵感，让自己的生活变得更加丰富多彩。

🖐 善用肢体语言回应孩子

在倾听孩子的过程中，妈妈不仅要全神贯注地聆听孩子的每一句话，还可以通过动作来回应。

比如，当孩子分享学校的趣事时，妈妈可以微笑着点头；当孩子讲述自己的困扰时，妈妈可以握住孩子的手；当孩子分享自己取得的成就时，妈妈可以竖起大拇指。

通过细微的动作回应，孩子能够深切地感受到妈妈对自己的关注和重视。这种无声的交流方式也可以增强亲子间的感情，让孩子感受到爱和支持。

✋ 理解孩子语言背后的情感与需求

在成为一位有智慧的妈妈这条路上，倾听只是起点，而真正的智慧在于我们如何将这些倾听转化为行动的力量，去滋养孩子的心灵，引导他们健康成长。

妈妈不仅要听孩子说，更要理解孩子语言背后的情感与需求。比如，当孩子兴奋地分享自己的小成就时，妈妈应予以鼓励，让他们得到期盼中的认可和赞赏；当孩子表露出不安与迷茫时，妈妈则需温柔地安抚，并帮助他们分析问题，寻找解决的办法。

在这个过程中，妈妈不仅仅是孩子话语的接收者，更是他们情感的共鸣者和需求的满足者。通过观察，妈妈能够准确捕捉到孩子内心的微妙变化，为他们提供恰到好处的支持与引导。

✋ 关注孩子的非言语信号

在与孩子相处时，细心观察他们的非言语信号是非常重要的。这些信号，如面部表情和肢体语言，常常能更直接、更真实地反映出孩子的内心感受，犹如情感的晴雨表。

比如，当孩子在学习上遇到困难时，他们可能不会直接说"我不会"，但紧锁的眉头和迷茫的眼神却能清楚地表达出他们的困惑和焦虑。

再比如，交谈中，如果孩子频繁地摆弄手中的物品或不停地变换姿势，显得局促不安，这可能表明他们内心有所顾忌或不自在。

非言语信号如同孩子内心世界的一面镜子，每一个细微的动作都是其内心情感的直接反映。作为家长，我们需要敏锐观察，捕捉并解读这些信号，以便更精准地了解孩子的需求。

孩子爱表达，
从妈妈开放式回应开始

孩子爱表达，总是叽叽喳喳说个不停。他们对世界充满了好奇心，每一个小小的发现都能成为他们津津乐道的话题。无论是花园里的小虫子，还是天上飘过的云朵，都能激发他们无尽的想象力和创造力。

孩子爱表达，不仅仅是为了分享他们的所见所闻，还是因为他们渴望被理解和接纳。在成长的过程中，他们需要通过表达来确认自己的存在感和价值感。当他们的表达得到父母的认可和鼓励时，他们会感到无比满足和幸福。这种积极的反馈能够极大地增强他们的表达欲望，使他们更加自信地展示自己的想法和感受。

因此，我们应该给予孩子足够的关注和支持，鼓励他们大胆地表达自己。这样，孩子才能在表达中不断成长，逐渐形成独立思考和表达的能力。

积极友好地回应孩子

在孩子兴致勃勃地跟大人表达时，最令他们失望的莫过于大人的一句"我早就知道了"。简短的一句话，就浇灭了孩子所有的表达兴致。

在教育孩子的过程中，开放式回应是一种重要的沟通方式。家长可以通过运用"什么""怎么""为什么"等词构成的语句来提问，给予孩子自由发挥的余地，而不是让孩子局限于"是"或"不是"这样的简单回答。

比如，在孩子表达时，我们可以用这样的话语回应孩子："啊？为什么发生这样的事啊？""真的吗？你是怎么发现的？""后来又发生了什么？"用类似的话语回应，孩子能感受到妈妈在倾听自己说话，表达的欲望也更强烈。

开放式回应的重要性在于，它能够引导孩子深入思考并表达自己的经历、想法和情绪，家长能更好地了解孩子的内心世界，促进亲子之间的情感交流和沟通。

用孩子能听懂的表述及时回应

当孩子不停地追问妈妈各种"为什么"时，我们不要跟孩子说"别再问了"或"以后再说"，这会让孩子感觉自己在妈妈眼中是不重要的。当孩子提出问题时，妈妈要尽可能地及时回答孩子，满足孩子的表达欲和求知欲。

同时要注意，在回答孩子的问题时，要尽可能地用孩子能听懂的表述，清晰地告诉孩子答案。这样既能满足孩子强烈的好奇心和探索欲，还能让孩子慢慢学会如何把问题的答案解释清楚。

　　在实际生活中，不可避免会出现回答不上来的时候。妈妈要明确地把自己不能回答的理由向孩子说明，比如，"你这个问题有点儿难，我们一起找找答案吧"。然后陪孩子一起查阅资料，找到答案。这样一来，孩子以后在与人交往时遇到了问题，也会积极地想小法解决。

✋ **不能马上回答时，要向孩子说明原因**

有时候，我们可能确实有事，不得不打断孩子，或者我们自己情绪不佳，实在无心再听孩子说话，这时，我们要向孩子解释清楚。让孩子知道，并不是他的错误，也不是妈妈嫌弃他吵闹，是妈妈自己的原因，妈妈愿意下次再听他表达。这种彼此尊重、坦诚的沟通方式会让妈妈与孩子的关系更加融洽，也能让孩子学会理解他人、体谅他人。

不建议妈妈用"别再说了""可能吧""差不多就行了"等话来回应孩子。要知道，孩子是会向你学习的，如果你经常这样回应孩子，孩子以后在与别人交往时，也容易摆出这样的态度，难免给人留下敷衍了事的印象。

👏 给孩子创造更多表达的机会

除了积极回答孩子的问题外，妈妈还要给孩子创造一些外部机会，带孩子参加一些社会实践活动，比如社区公益服务、文化展览志愿者活动等，让孩子多多练习自己的表达能力。在这些活动中，孩子能够广泛接触不同的人群，从热情友善的同龄人，到阅历丰富的长者，都将成为孩子交流的对象。

当孩子置身于真实的社交情境里，他们不得不主动思考如何清晰、准确且有礼地传达自己的想法与感受。每一次与他人的对话交流，都是一次宝贵的历练。在这个过程中，孩子逐渐学会根据不同的对象、场合和话题，灵活调整自己的表达方式，其表达能力将得到全方位提升。

伴随着表达能力的提升，孩子的自信心也如春笋般节节攀升。他们会越发坚信自己有能力与外界进行良好的沟通，从而以更加积极主动的姿态投身于各种社交活动。

借助夸奖法，做一个会表扬的妈妈

我们都知道夸奖孩子有很多好处，比如：能够增强孩子的自信心，激发他们的学习兴趣，培养他们的积极心态，等等。然而，如果夸奖的方式不当，可能会产生一些负面效果。例如，孩子可能会不领情，认为夸奖是理所当然的，甚至可能产生依赖心理，总是期待别人的夸奖来获得满足感。更严重的是，过度的夸奖可能会导致孩子变得自负，认为自己无所不能，从而忽视了自身的不足和需要改进的地方。

那么，究竟如何进行夸奖才能取得预期的效果呢？首先，会表扬孩子的前提是要深入了解孩子，这包括对孩子的能力、习惯、性格、优点、缺点等的全面了解。同时，对孩子的认知要实事求是，既不要高估孩子的实力，也不要低估，否则都会伤害到孩子的自尊心、自信心以及学习兴趣。如此，才能在夸奖时做到有的放矢，真正触及孩子的内心。

作为家长，我们要会运用科学的夸奖法，让表扬更加个性化，这样能真正发挥夸奖的积极作用，为孩子的成长注入无穷的动力。

夸具体而非笼统

在夸奖孩子时，我们应尽量避免笼统的表扬方式，因为这种方式可能会让孩子不明白自己究竟哪里做得好。比如，当孩子在画一幅画时，与其简单地说"你画得真好"，不如具体指出"这幅画的色彩搭配真漂亮，细节处理得也很用心"，这样具体的夸奖能让孩子清楚地知道自己的优点和努力的方向。

再比如，当孩子主动帮忙拿东西时，与其简单地表扬孩子"你真棒"，不如更加具体地表达"谢谢你主动帮妈妈拿东西，妈妈很开心"。这样可以帮助孩子明确地认识到自己的良好行为，并乐于继续这样做。

夸事实而非人格

许多家长在夸奖孩子时，常会使用诸如"你真是一个乖宝宝"或"你真是个听话的孩子"这样的表述，这就是典型的夸人格。虽然看似在表扬孩子，实则无形中给孩子贴上了标签。

"乖""听话"这样的标签，对孩子而言，可能会成为一种沉重的心理负担。它们可能会抑制孩子活泼好动的天性，使孩子为了迎合家长的期望而压抑自己的真实情感和行为。

在夸奖孩子时，我们应该更多地关注孩子做事的过程，聚焦于事实，表扬孩子的某个行为。例如，在带孩子去公园玩时，孩子将自己的零食分享给了其他小朋友，并因此交到了新朋友。此时，与其对孩子说"你真是个好孩子"，不如说"你主动分享自己的零食，妈妈觉得你这样做非常棒"。这样的夸奖方式既肯定了孩子的良好行为，又避免了给孩子带来不必要的心理压力。

夸努力而非聪明

一位美国心理学家从实验中总结出：被夸聪明的孩子，更容易形成固定型思维。"你很聪明"背后传达的意思是：因为聪明，所以你成功了。对孩子来说，一方面会容易变得自负而非自信；另一方面，孩子为了保持聪明的评价，他们面对挑战往往会采取回避态度，因为害怕出现与聪明不相符的结果。

被夸努力的孩子，更容易形成发展型思维。"你很努力"背后传达的意思是：因为努力，所以你成功了。孩子没有不必要的压力，面对挑战时就更有自信，更愿意尝试，不会轻易放弃。

强调努力的重要性可以帮助孩子理解：无论天赋如何，通过不懈的努力，他们都能取得进步和成功。这种思维方式不仅适用于学业，还适用于生活的各个方面。

　　夸奖不仅仅是事后对孩子表示肯定的方法，有时候在预见孩子对做某些事情有抗拒心理时，我们还可以事先夸夸孩子。提前给予孩子正面的肯定和鼓励，能在一定程度上提高孩子对事物的接受度，降低他们的抵触情绪，帮助孩子树立自信心。

　　例如，当孩子面对一项新的学习任务，显得有些畏难时，我们可以夸奖孩子以往在类似任务中的表现："宝贝，记得上次你学拼音的时候，虽然开始有点儿难，但你很快就掌握了。这次的数学题也一定难不倒你。"

夸奖的力量在于它能够激发孩子的内在动力，让他们感受到自己的能力和价值，从而更加愿意尝试和探索新的事物。通过"提前夸"的方式，我们不仅能够帮助孩子克服心理障碍，还能培养他们的积极心态和乐观精神。

采纳 "3T" 原则来与孩子对话

在养育孩子的道路上，很多妈妈常感困惑：为什么孩子越大，越不喜欢跟我交流了呢？即使我主动跟孩子沟通，孩子也会显得不耐烦。就此，有些妈妈抱怨："当妈妈太难了，我对孩子这么好，孩子却什么事都不愿意跟我说。"

回想一下，孩子是否从小便这样？答案或许是否定的。孩子小时候，是喜欢紧紧跟随妈妈的，喋喋不休，分享着他们的每一个发现与想法。

那么，为什么孩子现在不愿意跟妈妈说话了呢？有些妈妈认为：随着孩子心智成熟，他们有了自己的想法，与家长的沟通中出现了鸿沟，于是选择沉默。这种观点有一定的道理。的确，伴随着身体机能、认知能力的提高，孩子的自主意识越来越强，很多事情开始有了自己的想法，更倾向于自主行事。

然而，成长并不必然导致亲子沟通的断裂。实际上，孩子长大成人后，也会有跟妈妈交流的欲望。真正阻碍亲子沟通的，很可能是孩子在过往的交流中，多次感受到被否定、被批评、被忽视、被打击的负面情绪。这些经历让孩子逐渐失去了与妈妈交流、分享的热情与勇气。

想要与孩子一直保持良性沟通，我建议妈妈采纳"3T"原则来跟孩子对话。"3T"原则旨在帮助家长与孩子建立更有效的沟通方式，这三条原则分别是：共情关注（Turn in）、充分交流（Talk more）和轮流沟通（Take turns）。

✋ 共情关注（Turn in）

什么是共情关注呢？简单来说，就是在跟孩子讲话时，我们始终保持对孩子的关注，与孩子共情。

妈妈在陪孩子时，可以仔细观察孩子的兴趣，看看孩子都喜欢关注什么。孩子关注什么，你就关注什么，这样孩子就会认为你对他关注的事物也是感兴趣的，因而也愿意跟你沟通，分享自己的想法。

妈妈也可以主动跟孩子聊一聊他们关注的事情，比如："能给妈妈讲讲，这个东西怎么玩吗？""这个看起来很有趣，妈妈想知道是怎么做的？"这时，孩子往往会非常热情地给妈妈讲解，良好的沟通就这样建立起来了。

👋 充分交流（Talk more）

充分交流，顾名思义就是要多跟孩子交流，交流的话题可以多种多样。

当今社会科技进步，网络越来越发达，不少家长选择将手机或平板电脑作为陪伴孩子的工具，只要孩子不吵闹便心满意足。我们应该努力摆脱过度依赖"电子保姆"的陪伴模式，否则，当孩子逐渐长大，习惯了这种缺乏深度交流的相处模式后，当家长试图再次与孩子建立沟通桥梁时，孩子就会感到不适应，从而抵触与家长交流。

以我自己的经历为例，我儿子小时候，我在送他上学或接他放学的路上，经常是看到什么就跟他聊什么，无论是路旁的一棵树、一朵花，还是天空中的一朵白云、一只小鸟，都能成为我们交谈的素材，每次我们都聊得很开心。而当我不在孩子身边时，一旦遇到什么好玩或有趣的事情，他也会迫不及待地想要与我分享。

👋 轮流沟通（Take turns）

轮流沟通，是指在对话中，父母应鼓励孩子参与讨论，培养孩子的表达能力和社交技巧。

在与孩子沟通时，妈妈要以开放的心态，倾听孩子每一个细微的想法，无论多么天真或是不切实际。随着讨论的深入，妈妈可以适时地引导话题，鼓励孩子从不同角度思考问题，培养他们的批判性思维和解决问题的能力。比如，当孩子分享学校里的趣事时，妈妈可以询问："你觉得为什么这件事会发生呢？如果换作你，你会怎么做？"这样的问题能够激发孩子的想象力，促进他们独立思考。

轮流沟通的过程，不仅是言语的交换，更是情感的共鸣与理解的深化。孩子将逐渐学会如何有效地表达自己，如何倾听他人，如何在冲突中寻找共识。

给孩子了解你的机会

有些家长不愿向孩子敞开心扉，却要求孩子毫无保留地向自己吐露心声，这种不平等正是构建和谐亲子关系的一大障碍。为了与孩子之间实现更加顺畅的沟通，妈妈也应适时地向孩子分享自己的心情与感受，让孩子感知到妈妈对自己的信任与依赖。

孩子的心是敏感的，他们能敏锐地捕捉到妈妈的情绪变化。然而，当孩子试图关心妈妈，询问"妈妈，您为什么不高兴"时，很多妈妈却以"妈妈没有不高兴"或"小孩子不要管那么多"来回应，这无异于拒绝了孩子的关心与亲近。

长此以往，孩子可能会形成这样的认知："妈妈的事情与我无关，那么我的事情也不必与她分享。"当妈妈日后想要与孩子沟通时，可能会发现孩子变得不愿意交流了。

随着孩子的成长，到了可以更多地接触成人世界的阶段，妈妈可以逐渐将自己的沟通方式从单向的教导转变为双向的分享与交流模式。妈妈可以主动地将自己的一些经历分享给孩子听。这样，孩子长大成人后，也依然会保持爱与妈妈聊天的习惯。

把日常小事分享给孩子听

很多妈妈会要求孩子向自己汇报学习情况，相应地，我们也可以将自己的生活见闻以及工作情况等分享给孩子。

比如，我们可以向孩子讲述自己在工作中设定的小目标，为了达成目标做了哪些计划，付出过多少努力，等等。

这样的分享不仅能加深亲子间的沟通，还能让孩子更加敬佩你，将你视为学习的榜样。

邀请孩子参与自己的事情

在日常生活中，可以邀请孩子参与到和妈妈有关的一些小事中来。例如，让孩子帮助我们决定明天上班穿哪身衣服、配哪双鞋。这种做法能够让孩子感觉自己是妈妈的小助手，加强我们与孩子之间的亲子关系。当孩子看到自己的想法被妈妈采纳时，他们会感到非常高兴，愿意和妈妈交流。

给孩子讲述自己的过往

妈妈可以向孩子讲一讲自己过去的故事。翻出从小到大的照片和视频，一边展示，一边向孩子讲述每张照片背后的故事。这样的视觉展示，让孩子亲眼见证妈妈从稚嫩孩童成长为成熟女性的过程，不仅加深了他对妈妈过去的了解，还能让他直观感受到成长的真谛。孩子会明白，每个人的成长过程中都伴随着欢笑与泪水，这些都是人生宝贵的经历。

妈妈还可以邀请孩子拿起画笔，为自己画一幅肖像。在专注地绘画的过程中，孩子会仔细观察妈妈的每一个细节，从温柔的笑容到深邃的眼神，都一一捕捉在画纸上。这样的互动不仅让孩子更深刻地认识到妈妈在自己心中的形象，也让妈妈有机会从孩子的视角重新审视自己。

当孩子表现出或喜或忧的情绪时，共情能力强的妈妈会以接纳的姿态，传递出"我懂你"的深切关怀；当孩子与同伴发生矛盾时，共情能力强的妈妈会巧妙地启发孩子转换视角，学会站在他人的立场考虑问题。

会共情的妈妈，以爱与理解为根基，以情感引导为枝干，以自身示范为繁叶，为孩子撑起一片茁壮成长的繁茂绿荫。

第四章

会共情的妈妈：
孩子社交力强，受欢迎

允许孩子说"不"

在你身边一定有这样一类人：他们性情温和，周围人都喜欢找他们帮忙，因为他们从来不会对别人的请求说一个"不"字。我们习惯把这类人称为"老好人"。可是，他们并不是心甘情愿地帮忙，只是不懂得如何拒绝别人，怕自己拒绝后对方会不开心，所以常常勉强自己。

不会拒绝，这是许多成年人的通病。虽然他们也想改变，却往往力不从心，因为这一习惯往往根植于童年。追根溯源，大多是因为小时候，家长一味地要求孩子听话、懂事，不允许孩子说"不"。

如果你不想自己的孩子在学校成为"小小受气包"，长大后成为任人拿捏的"软柿子"，就要允许孩子说"不"，培养他们勇于拒绝他人的勇气，帮助他们建立明确的界限感，拥有健康的人际关系。

👋 不要经常以命令的口吻对待孩子

有些家长，无论事情大小，总习惯于以命令的口吻对孩子发号施令，虽然孩子会立即执行，但内心深处却往往不情愿。长此以往，会让本就处于弱势地位的孩了感到无力反抗或拒绝，只会勉强自己遵从。孩子经常这样不情不愿地做事，慢慢也会在心里对家长产生强烈的不满情绪。

如果你希望孩子去做某件事情，不要简单粗暴地下达命令，可以采取更温和的方式。比如，你可以详细地向孩子解释为什么需要做这件事，这件事对他们有什么意义和价值，以及完成这件事会给他们带来哪些正面的结果和影响，等等。

👋 理性看待孩子的争辩行为

有时候，即使我们把做某件事的理由告诉了孩子，孩子也不想去做，甚至还会提出自己的想法。这时，有的家长就会很生气，认为孩子是在顶嘴，会斥责他："别废话，我说什么就是什么。"

但孩子真的只是在顶嘴吗？或许他们是在辩解，是在进行有理有据的争论。我们应当以理性的态度看待孩子的争辩行为，因为这往往是他们批判性思维与独立思考能力发展的体现。据美国一项研究表明，那些在家中更倾向于与父母争论的孩子，未来更能冷静地应对外界的压力与观点的分歧。

因此，妈妈应当从小就培养孩子勇于表达自我的能力，这一点至关重要。若我们只是一味地强求孩子遵从我们的意愿行事，那便是在无形中剥夺了他们说"不"的权利。

👋 允许孩子拒绝伙伴、朋友

有时候，孩子在跟伙伴、朋友一起玩时，也可能遭遇需要拒绝对方的情况。这时，有的家长就会指责孩子"没礼貌""不合群"等。或者家里来了亲戚，家长要求孩子把自己的玩具送给对方带来的小朋友，孩子一旦拒绝，也会被家长指责。

过度要求孩子懂礼貌、谦让、分享，却忽视他们自身的感受，这种做法显然是本末倒置的。如果家长经常这样教育孩子，会让孩子逐渐变得轻视和压抑自己的需求，将他人的感受和需求放在第一位。

作为独立且平等的个体，孩子有自己的情绪和想法是再正常不过的事情。妈妈要尊重孩子的想法与感受，帮助他们成为懂得尊重自己的人，学会维护自己的权益与尊严。

向孩子道歉并不丢脸

大人不可能永远都是对的，也会有出错的时候。有的家长明知自己错了，却碍于面子，不愿在孩子面前承认，生怕失去作为家长的权威与尊严。然而，当孩子犯错时，他们却会严厉地批评，要求孩子道歉并反省。家长要意识到，大人犯错了，也要勇敢地向孩子道歉，这并不是什么丢脸的事。

家长之责，不仅在于言传，更在于身教。大人犯错后主动向孩子道歉，不仅抚慰了孩子受伤的心灵，更能为孩子树立一个知错就改的榜样。如果家长对自己做错的事从不道歉，孩子也会有样学样，养成做错事不知反省、不会道歉的不良习惯。

妈妈一定要以身作则，用实际行动告诉孩子道歉的重要性。

告诉孩子道歉不是示弱，而是勇敢的表现

一旦发现自己在与孩子相处时有所失误，无论是误解了孩子的意图，还是情绪失控说了重话，都要找个合适的时机，向孩子表达歉意。

在道歉时，不妨具体说明自己错在哪里，这样不仅能让孩子感受到你的真诚，还能帮助孩子避免将来犯下类似的错误。同时，还可以引导孩子，告诉他们，如果在与家人、朋友或同学相处时遇到了小摩擦，都应当勇于承认错误并寻求和解方法。

让孩子明白，道歉并不意味着变得弱小或失去了什么；相反，它是内心力量的展现，是勇气的象征。

👏 道歉不真诚，只会适得其反

有些家长也会主动给孩子道歉，但道歉时往往会有附加条件，把犯错的责任推给孩子，比如，对孩子说："要不是你……，我也不会……"这种看似道歉的言辞，实则隐含着对孩子的指责。孩子会从这些附加条件中察觉到家长的指责，从而无法真正感受到道歉的诚意，反而可能加剧他们的不满情绪。

真正的道歉，是勇于承认错误并愿意为此承担责任的表现。给孩子树立好榜样，让孩子学会坦然地面对自己的不足，在犯错时勇于承担责任，而不是选择逃避或推卸责任。同时，孩子也能学会如何在误解产生后，积极寻求和解之道。在未来的日子里，这样的品质将帮助孩子建立和谐的人际关系。

👏 别让孩子把"对不起"当作万金油

在教育孩子的过程中，我们应当避免随意打骂孩子，然后以一句轻描淡写的"对不起"作为了结。这种缺乏真诚与深度的道歉，难以真正抚慰孩子。更令人忧虑的是，孩子可能逐渐形成一种错误观念，认为"对不起"是万能的挡箭牌。小至踩脚，大至打人、抢夺，他们可能认为只要说声"对不起"，就能轻松化解一切，平息他人的怒火。如此，同样的错误很可能会一而再、再而三地发生。孩子可能会一边嬉皮笑脸地道歉，一边继续犯错。

作为家长，我们应以身作则，展现何为真诚的道歉，严格约束自己的行为，确保不再犯同样的错误。让孩子理解，道歉是承担责任的表现，而非逃避责任的借口。

培养孩子换位思考的能力

人与人之间的诸多冲突，往往源自"强求他人行为契合自身标准"的执念。这就是共情能力差，事事都以自我为中心的体现。

不管是在亲子关系中，还是在社交关系里，共情能力都是一项很重要的能力。共情能力强的孩子，能更好地理解他人、体谅他人，与他人进行良好沟通，更容易交到朋友，并善于处理社交中的各种矛盾与冲突。

通常孩子在 3~4 岁时，都会有不同程度的自我中心主义倾向，误以为他人的感受应该与自己的一样，理解不了他人的想法。所以说，孩子的共情能力并非与生俱来，而是需要家长逐步引导孩子学会理解和共情他人的感受。

在日常生活中，妈妈可以采用贴近生活实际的方法，来教孩子如何理解和感知他人的情感。

✋ 利用睡前陪伴时光

家长应该为孩子营造一个安全、无评判的环境，鼓励他们表达自己的情感和想法。睡前陪伴时间就是增进亲子关系、培养共情能力的好时机。妈妈可以主动分享自己一天中的小故事，特别是那些涉及情绪变化的经历，如工作中的小挫折或成功时的喜悦。同时，鼓励孩子也分享他们的日常点滴，包括与朋友的小争执、学习上的小成就或是遇到的困惑。

当孩子分享自己的喜怒哀乐时，家长要认真倾听，用"我理解你……""我注意到你……"等句式来回应，让孩子感受到被理解和接纳。

这种双向的情感交流能够极大地促进孩子共情能力的发展。

✋ 通过故事和游戏培养共情能力

妈妈可以利用亲子共读时间，选择那些能够展现不同角色情感变化的故事书，如关于友情、亲情、勇气与爱的故事。这些书往往通过生动的情节和鲜明的人物形象，展现人性的复杂。

在阅读过程中，不仅讲述故事情节，更要引导孩子去感受和理解故事中人物的情绪变化。比如，当读到主人公感到伤心时，可以问孩子："你觉得他为什么会难过呢？"通过这样的问题，拓宽孩子的情感视野，加深他们对人类情感多样性的理解。

此外，设计一些角色扮演游戏，让孩子在游戏中体验不同的角色和情绪，也是培养共情能力的有效方法。

 观察自然与社会

带孩子走进大自然，孩子可以亲眼见证季节的更迭，感受春花烂漫、夏树繁茂、秋叶金黄、冬雪皑皑的壮丽景象。他们可以亲手触摸柔软的苔藓，聆听溪流潺潺的歌唱，嗅到花草的芬芳。他们还将看到蜜蜂忙碌地采蜜，小鸟欢快地歌唱，昆虫忙碌地穿梭。这些体验不仅丰富了他们的感官世界，还让他们学会尊重和爱护自然，意识到每一个生命体都有其独特的价值和感受，激发他们对生命多样性的尊重与理解。

还可以通过参与志愿服务、公益活动，让孩子接触更广阔的社会世界，了解不同文化、职业和背景的人们如何生活，这有助于他们认识到人与人之间的差异性和共通性，从而培养更加包容和深刻的共情能力。

从小事入手，
引导孩子学会合作

合作，简单来说，就是当孩子需要和他人共同完成某项任务或达到某个目标时，他们要会与他人友好地商量，清楚地分配任务，并且紧密地配合工作。

无论是课堂上的小组讨论，还是课外的集体活动，甚至未来进入社会、步入职场后，合作都是必不可少的。

擅长合作的孩子，更容易和别人建立深厚的友谊，也更容易受到他人的欢迎和喜爱。这样的孩子无论是在学校、职场还是在社会中，都会更有优势，因为他们知道如何与人相处，如何团结合作。

妈妈可以从日常生活中的点滴小事入手，逐步培养孩子的合作能力，让孩子成为更加优秀和受欢迎的人。

宝贝，你洗得真干净。有你的帮助，妈妈很开心。

　　妈妈可以通过组织家庭活动，培养孩子的合作精神和团队意识。例如，饭后全家人一起收拾家务，让孩子在实践中学会分担责任。这样，孩子不仅能学会合作，还能培养出良好的家庭责任感。

要注意的是，在合作过程中，家长要展现出积极的合作精神，为孩子树立良好的榜样。当看到通过共同努力取得的成果时，孩子会感受到合作带来的成就感和喜悦，从而激发他们对合作的热爱和向往。

每次合作练习结束后，引导孩子进行自我反思也至关重要。我们可以与孩子一同回顾整个合作过程，帮助他们认识到自己的优点与不足，并鼓励他们思考如何在未来的合作中进一步提升自己。

✋ 引导孩子学会倾听他人的意见

合作不仅仅是行动上的配合，更重要的是心灵上的沟通，倾听和尊重是基石。妈妈可以在日常生活中设置情境，让孩子练习倾听他人的想法。比如，在决定家庭出游目的地时，可以召开一个家庭会议，让家庭成员都发表自己的想法，并引导孩子做到耐心倾听且尊重他人的意见，最终通过讨论达成共识。这样的练习有助于孩子形成开放、包容的心态，为未来的团队合作打下良好的基础。

同时，我们也要鼓励孩子勇敢表达自己的看法，积极锻炼他们的沟通技巧，让他们明白有效沟通是合作成功的关键。

✋ 鼓励孩子积极面对冲突

在合作过程中，不可避免地会遇到意见不合或冲突的情况。妈妈应当引导孩子认识到冲突是合作中的正常现象，并教会孩子以积极的心态去应对和解决。

在日常与孩子的交流中，当我们与孩子产生意见分歧时，可以以此作为锻炼孩子面对冲突的能力的契机。先鼓励孩子冷静下来，再引导孩子尝试理解他人的立场和需求，学会从多个角度分析问题，最后教孩子提出建设性的解决方案。通过这样的练习，孩子将会更成熟、理智地处理人际关系中的矛盾。

教孩子如何对待陌生人

社会是复杂的，存在着形形色色的人。所以说，仅仅教会孩子共情他人，为他人考虑是不够的，还必须教他们分辨好人、坏人。

向孩子解释什么是善良的行为、值得信任的人，以及什么是恶意的举动、需要远离的危险人物。让孩子明白，在与他人共情、提供帮助的同时，也要保持一份警惕，保护好自己。

在孩子的成长过程中，进行安全教育至关重要，同时掌握其分寸也颇具挑战。一方面，有些家长过于强调安全意识的培养，他们告诫孩子切勿与任何陌生人交谈，远离每一个不熟悉的人。这种教育观念的初衷是保护孩子，避免他们遭受潜在的伤害。然而，过度渲染陌生人的危险性可能会导致孩子在心理上对陌生人产生过分的恐惧。

另一方面，有些家长则走向另一个极端，他们鼓励孩子即使是在不熟悉的环境中也要大胆、自信，不能怯场，甚至锻炼孩子主动与陌生人打招呼，表现出热情和友好。这种教育观念的初衷是锻炼孩子的交际能力，但同时也可能使孩子在面对有不良意图的人时缺乏必要的警惕。

我们应该采取更为平衡和理性的方法来教育孩子正确对待陌生人，教会孩子如何辨识并评估周围环境中的潜在风险，在保障自身安全的同时，与他人建立良好的人际关系。

✋ 制定安全规则

避免完全杜绝孩子与陌生人之间的交流，以免妨碍孩子的社交技能的发展，而是应当教导孩子与陌生人保持适度距离。

妈妈可以为孩子制定明确的安全规则，这些规则可以包括：当陌生人给予赞美时，孩子可以礼貌地回应；当陌生人给予礼物、食物或饮料时，孩子不能接受；当陌生人问路并请求带路时，孩子要拒绝，不可以跟随陌生人离开。这样，孩子在面对陌生人时，可以保持清醒的头脑，并做出正确的决策。这不仅能提高他们的自我保护能力，还能帮助他们更好地适应社会的复杂性。

✋ 不透露自己的隐私

首先，家长要先向孩子说明哪些信息属于个人隐私，比如家庭住址、个人照片、父母的电话号码以及学校的具体班级等。告诉孩子，不要向陌生人透露这些信息。

我们要告诉孩子与他人交流时，不主动透露自己的隐私信息。同时，在面对陌生人或不太熟悉的人询问敏感信息时，要有勇气拒绝回答，并知道这是保护自己隐私与安全的一种方式。

此外，随着互联网的发展，网络安全教育也是不容忽视的一环。在孩子接触电子产品后，我们要引导其学会安全上网，避免在社交媒体上过度公开个人信息，尤其是照片、地理位置等可能暴露隐私的内容。

向合适的陌生人求助

　　尽管我们强调要与陌生人保持距离，但同样重要的是教会孩子在真正需要帮助时，如何向合适的陌生人求助。

　　我们应告知孩子，在遇到紧急情况时，可以寻找穿着制服的人员，如警察、消防员等，他们通常能够提供帮助。此外，大型公共场所的工作人员，如旅游景区的志愿者、图书馆的管理员等，也是遇到问题时可以求助的对象。

　　为了让孩子更有效地识别可靠的求助标志，我们平时带孩子去公共场合时，可以有意识地引导孩子关注那些标注着"信息台""服务台"或"紧急联络点"等重要标识的区域。

"佛系"妈妈以一种独特且看似无为的姿态，悄然助力孩子的自主学习能力的养成。她们不推崇"唯分数论"，不会像许多焦虑的家长那般，因孩子学业成绩的起伏而辗转难眠或大发雷霆。她们深知成绩不过是学习之树上的一片叶子，不能代表整棵树的生机与潜力。

　　"佛系"妈妈会给予孩子极大的自主权，让孩子在自由、宽松且充满信任的环境中，如茁壮成长的幼苗，逐渐长成能够自我支撑、自主探索知识森林的大树。

第五章

"佛系"妈妈:
孩子高效自主,不用催

从陪写型妈妈转变为顾问型妈妈

妈妈，您能别一直盯着我吗？

打开作业本，半天写不到一行字；还没写几行字，不是要喝水就是上厕所；抠完橡皮又削铅笔，总有搞不完的小动作；玩游戏、看电视比谁都积极，一提写作业就头疼、肚子疼……

面对孩子这样的拖拉行为，很多家长选择每天看着孩子写作业。陪写作业看似是每一位家长都可以胜任的工作，但很多家长找不到正确、有效的陪伴方法，在陪孩子写作业的过程中互相折磨、相看两厌，逼得家长恨不得把孩子提起来揍一顿。

家长究竟想要看出一个什么样的孩子？我想，应该是一个具备高效自主学习能力的孩子。陪伴的意义，是为了最终可以放手。不管是写作业也好，做其他事情也好，都是希望孩子能够自己学会做这件事，有自主学习的意识和能力。

把话语权还给孩子

拥有话语权是人们找到归属感的关键，这是因为只有当人们认为某件事情是自己的责任，而非被迫去完成时，他们才会真正地投入到这件事情中去。这种现象在孩子写作业的问题上同样适用。如果孩子觉得他们可以自己决定自己的事情，那么他们就会主动地去完成这些任务。

因此，我们应该给予孩子更多的自主权，而不是让他们简单地执行家长为他们制订的学习计划。这样，孩子才能真正地投入到学习中去，从而提高学习效果。

🖐 激发孩子的内驱力

有多少家长是这样认为的：孩子要想学习好，必须勤奋刻苦？殊不知，快乐才能真正激发孩子的内驱力。

事实上，仅仅依靠外部的督促和压力，或许能让孩子在短时间内取得一定的成绩，但从长远来看，这样的方法往往消磨了孩子对知识的渴望与好奇心，将学习视为沉重的负担。

我们可以为孩子营造轻松的学习氛围，让他们不排斥甚至乐于写作业，进而提升孩子对知识本身的兴趣。比如，每天放学后，不强迫孩子匆匆赶往书桌前，而是可以先休息片刻，缓解了在学校的紧张与压力后，再从容地写作业。

当孩子对学习产生浓厚的兴趣时，学习便转化为满足个人内心需求的过程，而非仅仅为了迎合外界强加的种种期望。这种转变驱使着孩子不断探索、求知，他们开始享受学习，不断追求更高的目标。

🖐 不打扰孩子的学习进程

你是否有过这样的行为：孩子在房间写作业，你担心孩子上了一天课，是不是渴了、饿了，于是时不时地端盘水果进去，热杯牛奶让他抓紧喝了……

当孩子逐渐展现出独立完成作业的能力，不再需要家长的陪伴时，我们应当学会维护孩子的学习进程，避免不必要的打扰。

当孩子专注地学习的时候，一旦被打扰，就需要花费更多时间重新进入学习状态，学习效率会大打折扣。我们可以将水果、牛奶或点心等安排在孩子写作业前享用，这样既能让孩子在写作业前好好放松、补充能量，又能表达父母对孩子的关爱之情。

让孩子有一个安静独立地完成作业的空间，这样才能保护孩子的专注力、培养孩子的独立性。

和孩子一起制订学习计划

我在跟一些妈妈聊天时，发现大家都有这样一个心愿：希望孩子能像一台全自动运转的小机器人，只要按下开始键，他们就能自己完成所有功课，而且有条不紊，完全不需要妈妈操心。

虽然"全自动运转的小机器人"式的孩子只是我们心中的一个梦想，但通过我们的努力和引导，孩子完全可以成为自主型高效学习的孩子。

就像为机器人编程设定优先级任务一样，我们可以引导孩子制订学习计划，将学习任务分解成小块，设定明确的完成时间和休息时间。这样，孩子就会逐渐学会如何合理安排时间，确保每项任务都能得到妥善处理。

　　孩子每天放学回到家，要做的事情其实不少，比如吃点零食、休息放松一会儿、看看电视、吃饭、写作业、睡前洗漱等。首先，我们和孩子一起想放学后要做的事情有哪些，把想到的事情全部写在纸上。

　　接下来，让孩子从里面选出每天必须做的事情，如吃饭、写作业、睡前洗漱，再把必须做的事情按重要程度进行排序，让孩子知道自己先做什么、后做什么，并预估完成每一项任务大约需要多长时间。

给孩子一定的"留白"时间

有些妈妈可能会说："我也跟孩子列计划了呀，可计划执行不下去，怎么办？"这里，我们要强调一个关键点，即给孩子"留白"时间。

所谓"留白"时间，就是在某一段时间内，孩子可以自己决定做什么，家长不过多干涉。特别是在周末或者长假期间，要求孩子整天学习显然不切实际。所以，给孩子"留白"时间很有必要。

在"留白"时间里，孩子可以自由安排自己的娱乐活动，如打篮球、做手工等，也可以选择什么都不做，仅仅放空自己。当然，有些妈妈可能会因此感到焦虑，担心孩子这是在浪费时间，希望他们至少能看看书。家长要体谅孩子，其实他们每天的校园生活并不轻松。

有段时间，在放学回家的路上，我儿子总会在车上睡着。我问他怎么这么困，他说："妈妈，我在学校里过一天是很累的！"

设身处地地想一想，我们自己在结束了一天的工作后，也渴望做些放松身心的事情。孩子同样需要这样的时刻。所以，当我儿子静静地坐着，什么也不做时，我就会这样想：他是在"存储能量"呢，让身体休息好了，他才能精力充沛地完成学习计划。

家长要看到"留白"时间对于孩子的价值，孩子休息好，才能更好地投入到学习中去。

提升孩子的专注力

番茄工作法是一种非常实用的时间管理方法，它通过将工作时间分割成若干个短暂的周期，并在每个周期之间安排短暂的休息时间，从而有效地提高人们的专注力和工作效率。这种方法不仅适用于成年人的工作，也非常适合用来培养孩子的专注力。

具体方法：将孩子的学习时间设定为 25 分钟，这段时间被称为一个"番茄钟"。在这 25 分钟内，孩子需要全神贯注地投入学习中，避免任何干扰。而在每个"番茄钟"结束后，孩子可以进行 5 分钟的短暂休息。在这 5 分钟里，孩子可以做一些放松活动，让身体得到适当的休息。

这种分段学习和短暂休息的循环模式，能够有效防止长时间学习带来的厌倦感，避免因过度疲劳而影响学习效果。

复盘学习计划

大人在工作中常会遭遇各种突如其来的事务，从而打乱原本精心安排的工作计划。同样，孩子的学习计划也常常遭遇这样的挑战。尽管孩子可能已经制订了周密的学习计划，但由于临时事件的干扰或其他不可预见的情况，孩子有时无法按计划行事，甚至可能连续数日都陷入一种无序的状态。

面对这种情况，有些妈妈可能会不由自主地对孩子说出一些令人沮丧的话语，如："计划又泡汤了。""你自己看看，都几天没按计划学习了？制订计划有什么意义？"这无疑会在孩子心中投下阴影，他们可能会开始怀疑制订计划是否真的有用，是否真的能帮助自己。更甚者，他们可能会将未能完成计划归咎于自己的自控力不足，从而对制订学习计划产生抵触情绪。

当计划未能如期完成时，我们更应该做的是与孩子一起进行复盘。找出计划未能完成的原因，是因为真的遇到了无法预见的突发情况，还是因为孩子自身的拖延和懒散。然后，我们可以和孩子共同探讨解决方案。例如，可以调整计划表，为可能的突发情况预留出足够的时间；也可以适当调整学习任务的难度，以减少孩子的畏难情绪。

优秀孩子是"比"出来的，学会正确地比较

我曾在网上看到一个孩子倾诉心声："我也不知道为什么，好像无论考多少分，爸爸妈妈都不满意，他们总拿我跟别人比。特别是每次开完家长会回到家后，那简直就是我的'批斗大会'！我不管怎么努力，他们都看不到！"

这个孩子的想法，相信很多孩子会有共鸣吧？

很多家长将自己的孩子跟别人家孩子做比较，以此作为鞭策孩子的手段，希望通过这种方式激励孩子，让自己的孩子也能像别人家孩子那么出色。

然而，家长忽略了孩子内心的细腻与敏感，这种打击式的教育方法，只会让孩子感受到深深的挫败与自卑。长此以往，孩子甚至可能对那些被频繁提及的别人家孩子产生嫉妒之情。

我们要学会如何正确地运用比较方法引导孩子，以激励而非打击的方式，促进孩子的成长。

要纵向比较，不要横向比较

简单来说，横向比较即拿自家孩子和别人家孩子进行对比，而纵向比较则是将孩子的现在与过去进行对比。

当家长总喜欢横向比较时，往往是在拿自家孩子的短处去碰撞他人的长处，这导致孩子感受到来自同龄人的压力，甚至可能产生自卑情结，对他们的自信心和积极性造成负面影响。

相比之下，纵向比较则能更客观地展现孩子的进步与成长。妈妈可以基于孩子的现状，为他们设定一些既具挑战性又可实现的目标。通过对比孩子在不同时间段的表现，我们可以清晰地看到他们的成长轨迹，找出他们具体的进步之处。

当孩子达成目标时，我们要及时给予正面的反馈和鼓励，让他们感受到成功的喜悦。无论是学习成绩的提升、生活技能的掌握，还是性格上的成熟与稳重，都值得被肯定和表扬。

妈妈在表扬孩子时，要细致入微，不要仅仅停留在"你真棒"这样泛泛而谈的评价上，而是要具体指出孩子做得好的地方，帮助他们明确自己的优点和努力的方向。

通过纵向比较的方法引导孩子成长，不仅可以保护他们的自尊心，还能激发他们的内在潜能和动力。

多关注孩子答对的题目，而不是答错的题目

我相信，很多妈妈在拿到孩子的作业或考卷后，第一眼关注的都是孩子答错的题目，然后跟孩子分析为什么答错。而对于那些答对了的题目，家长往往认为孩子已经会做了，就没必要再去关注。

一位大学教授曾做过一项实验，他发现，当孩子面对难题时，指出他们的正确回答比指出错误回答更有助于孩子的发散思维。所以，我们不要只关注孩子做错的那些题目，还要多关注他们做对的那部分，给予他们正面的鼓励与认可。

其实，这样的教育理念不仅适用于学业成绩，更应贯穿于孩

子成长的每一个细微环节。妈妈要多给予孩子正面的反馈，学会发现并欣赏他们的优点与进步之处，而非仅仅关注他们的劣势与不足之处。

尊重孩子的个性和兴趣

我们都知道，"天外有天，人外有人"。在这个世界上，总是存在着比我们更优秀的人，同样，也会存在着比自家孩子更优秀的孩子。当看到别人家孩子表现出色时，我们应保持冷静，不应因此感到焦虑或嫌弃自家孩子，他人的优秀并不等同于自家孩子的失败。

每个孩子都有自己独特的成长节奏，妈妈要尊重孩子的个性和兴趣，让孩子在适合自己的道路上不断进步，发掘并展现自己的潜力，最终成就精彩的人生。

我们不仅要以平和的心态看待其他孩子的优秀表现，还要引导孩子学会欣赏其他孩子的优点和长处，避免产生嫉妒心理。

逐步让孩子爱上阅读

在竞争激烈的现代社会，几乎每个家庭都很重视孩子的教育问题。虽然我们经常说，孩子的童年要以快乐为主，但对孩子来说，有些学习习惯确实需要从小培养，比如阅读习惯。

有些妈妈会在孩子很小时就给孩子买绘本，到孩子大一些时又给孩子买故事书、文学书等，但最后发现孩子很难坐下来认真读，于是便得出结论：我的孩子不喜欢阅读。妈妈据此得出这样的消极结论，未免为时过早。

对孩子来说，要养成阅读的习惯，家庭氛围和大人的引导、陪伴都至关重要。如果家长能为孩子营造良好的阅读氛围，再加上爸爸妈妈又都喜欢读书，那么孩子很大概率也能逐渐养成阅读的习惯。

一般来说，孩子的阅读敏感期出现在 3~5 岁。在这个阶段，孩子的注意力开始能够集中，他们对故事情节的好奇心和探索欲也随之增强。若家长能积极引导，不仅能激发孩子对阅读的热爱，还能为他们的学习能力奠定坚实的基础。

有些妈妈可能会疑惑：到底怎样做才能更好地陪伴孩子阅读？平时自己也陪孩子读书，可孩子仍然没兴趣，怎么办？根据我个人的经验，我认为妈妈还是要掌握科学引导孩子阅读的方法。

为孩子营造良好的阅读环境

要引导孩子进入阅读的大门，为孩子营造一个良好的阅读环境很重要。家庭环境对孩子的影响具有潜移默化的作用，这是学校教育无法替代的。

我们尽量在家里设立一个专门的阅读角，放置适合孩子年龄段的各类书，让书成为孩子触手可及的好伙伴。还可以定期带孩子去图书馆或参加阅读推广活动，让孩子感受到阅读的乐趣。

家长自身的阅读习惯在引导孩子爱上阅读的过程中起着至关重要的作用。当妈妈在孩子面前展示出对书的热爱，经常沉浸在阅读的世界中，孩子会自然而然地观察到这种积极的行为，并受到潜移默化的影响，激发他们对书的好奇心。

妈妈可以选择适合孩子年龄和兴趣的书，与孩子一起分享阅读的乐趣，从而进一步加强积极的影响。孩子不仅会模仿妈妈的行为，还会逐渐培养出自己的阅读习惯，最终爱上阅读。

帮助孩子实施阅读进阶规划

在很多妈妈看来，可能只有一些技能类的学习项目才需要进阶规划，比如钢琴、篮球、舞蹈等，其实阅读也需要进阶规划。

以我的经历为例，在我儿了小时候，我会根据他的喜好，为他选择各种各样的绘本、故事书等。他喜欢汽车、飞机，我就给他选择一些插画丰富的相关科普书，并且会坐下来和他一起看，把里面的文字读给他听。有时候，我还会鼓励他根据里面的图片编一个小故事讲给我听。

后来，他能自己认字了，我就鼓励他尝试独立阅读。当然，在他读书的时候，我也会在一旁安静地看书，他有什么想法或是不理解的地方，可以随时跟我讨论。

每过一段时间，我就会有意识地给他安排一些进阶读物，循序渐进地为他提升阅读难度。这样孩子不但能在阅读中积累大量的词汇和新的知识，还能逐渐提升思考能力。

随着时间的流逝，孩子的阅读习惯也逐渐从依赖我的陪伴和引导转变为自主阅读，能够独立挑选自己感兴趣的书。

锻炼孩子掌握阅读节奏

我们成年人要完成一项难度较大的任务时，都难免产生畏难或抗拒心理，何况年幼的孩子。所以，我们在和孩子一起阅读的过程中，要注意锻炼孩子掌握阅读节奏，以免孩子对阅读产生倦怠感。

在孩子小的时候，我们可以通过声音、表情和肢体语言极大地丰富孩子的阅读体验，加深孩子对故事内容的理解和感受，以免孩子因读不懂而觉得烦躁。

待孩子长大些后，在其因阅读而感到疲倦时，我们要提醒孩子暂停阅读，休息放松一会儿，避免让孩子将阅读视为一件痛苦的事情。

还有一点要提的是，孩子自主意识增强后，我们要给予孩子一定的选择权，让他们有权利根据自己的兴趣选择读什么书。这样，孩子才能真正地爱上阅读。

引导孩子与电子产品和谐相处

经常有妈妈问我：如何看待孩子使用电子产品这件事？

在高科技迅猛发展的现代社会，想让孩子彻底远离电子产品、远离网络是不现实的。我们成年人也无法做到离开手机、电脑，不但工作中离不开，就是带孩子出去玩，都会拿出手机给他们拍照、录视频；周末在家看部电影，也可能会选择用平板电脑或手机看。这些电子产品整天在孩子眼前晃，孩子肯定好奇，想自己拿来玩玩，大人一直藏着掖着肯定不是好办法。

实际上，电子产品与网络对孩子的影响是两面性的。一方面，它为孩子打开了一个新世界，拓宽了孩子的探索空间；另一方面，孩子自控力较弱，可能容易沉迷于其中，影响正常的学习和生活，这也是真实存在的问题。

在这种情况下，要想让孩子科学使用电子产品，家长的引导就变得至关重要。在我家里，是允许孩子使用电子产品的，但我会尽量引导他科学使用，并让他知道，我们可以利用电子产品获取自己想要的知识，但不能沉迷其中，这样我们才能与电子产品和谐相处。

允许孩子合理地使用电子产品

我曾跟一个朋友聊天，聊到孩子使用电子产品的问题，朋友跟我诉苦说，她儿子爱玩网络游戏，她苦口婆心地跟孩子讲网络游戏的坏处，希望孩子远离网络游戏，把精力放在学习上。孩子当时答应了，可坚持不了几天，就再次陷入游戏，难以自拔。

我相信，一些妈妈有同样的烦恼。但请认真思考一下，你会发现，单纯地把所有问题都归结在电子产品上，其实是有失偏颇的。

家长应当调整心态，不要视电子产品为洪水猛兽。在当前社会，电子产品已经成为孩子生活和学习中不可或缺的工具，我们无法做到完全禁止孩子使用电子产品，比如孩子上网课就需要用到它们。

我们要引导并教会孩子有限度地合理使用电子产品。特别是在孩子明辨是非之前，家长的陪伴与监督尤为重要，我们最好确保孩子在大人的陪伴下使用电子产品。

和孩子商议如何使用电子产品

家长和孩子一起商议使用电子产品的方法，明确规定孩子使用电子产品的具体时间段和条件。比如，我们可以跟孩子约定，每天孩子写完家庭作业后，可以玩半小时的手机或平板电脑，其他时间不能玩。周末的时候，在户外活动回来后可以玩半小时，其他时间也不能玩。

除此之外，我们还可以跟孩子约定好，家里哪些区域不能出现电子产品，比如：不能在床上玩手机，在餐桌吃饭时也不能玩，避免电子产品影响孩子的休息和用餐。

在学习、休息与娱乐之间设立合理的界限，确保孩子既能完成学习任务，按时休息，又能享受适当的娱乐时间。

展现自控力，做孩子的榜样

有些家长一边教育孩子不要老玩手机，一边自己手机不离手。比如，在饭桌上训斥孩子要专心吃饭，自己却不停地刷着手机视频。这种矛盾的行为，实际上反映了一种普遍存在的现象：成年人在要求孩子遵守规则时，自己却难以做到。如果家长不能以身作则，那么教育的效果往往会大打折扣。

家长要通过自己的实际行动来树立一个良好的榜样，因为孩子往往会模仿大人的行为。如果我们自己整天沉迷于手机或电脑，孩子自然会效仿我们的行为。

我们需要合理安排自己的电子产品使用时间，确保在孩子面前展现出我们有很强的自控力。通过我们的示范，孩子会逐渐养成良好的习惯，学会合理安排使用电子产品的时间，而不是无节制地沉迷其中。

引导孩子看有价值的内容

有些孩子特别喜欢刷短视频，而且一刷就停不下来。短视频因其短小、直观、新鲜有趣等特点，非常符合孩子的心理需求，因此更容易吸引他们的注意力。然而，沉迷于短视频所带来的负面影响也是显而易见的，比如可能会对孩子的认知能力、记忆力、思维能力和语言表达能力产生不良影响。

在纠正孩子沉迷于短视频的行为时，我们需要根据孩子的身心发展特点因势利导，而不是采取简单粗暴的压制和阻止方式。

那么，孩子的特点是什么？是好奇心旺盛，好玩好动。针对这些特点，家长可以引导孩子参与更多他们感兴趣的活动，例如体育运动、户外探险游戏、艺术创作等，当孩子在现实生活中能够得到满足和快乐时，他便不会寻求虚拟世界中的短暂满足。

此外，家长还可以与孩子一起观看短视频，引导他们关注更有教育意义的内容，而不是仅仅追求娱乐和刺激。通过这种方式，家长不仅能够控制孩子接触短视频的时间，还能引导他们学会辨别和选择更有价值的信息。

乐天派妈妈总是以积极的态度看待世界，宛如一束温暖而明亮的阳光，不断散发出正能量。

　　在妈妈的影响下，孩子会从内心深处散发出自信与独立的气质，形成独特且迷人的人格魅力，熠熠生辉，如同磁石一般，在人群中吸引着他人的目光。

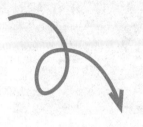

第章

乐天派妈妈：
孩子自信独立，有气场

成为孩子的"人生底牌"

在孩子的成长旅程中，难免会遇到一些问题。此时，家长的态度尤为重要。若家长惊慌失措，孩子便会陷入恐惧无助；而心态乐观的家长，能以平和的心态分析事态，用从容的行动化解危机，给予孩子勇气与力量。

在童话大王郑渊洁的小说《智齿》中，有这样一个故事：女孩梁新被班主任冤枉偷了同学的钱，为了让孩子认错，老师就想用叫家长的方法威慑她。没想到，梁新竟然主动向老师提出，给自己的父母打电话。梁新的父母来到学校后，不但没有批评梁新，还当着全班同学的面说道："从梁新很小的时候起，我们就教育她，人最重要的品德是同情心和正义感，而梁新也的确是这样做的。我们不相信一个有这两种品德的孩子会去偷别人的钱。"这番话掷地有声，一下子打消了全班同学的怀疑。后来真相大白，是另一个同学因为想和梁新竞争班长，才偷偷把钱包塞到梁新的书包里。梁新之所以能从容应对老师和同学的误解，正是因为父母无条件的信任与支持赋予了她自我辩护的勇气。

　　来自家长的信任与支持，是培养孩子信心的主要途径，也是孩子重要的"人生底牌"，它给予孩子无限的安全感。我们要扮演好"拉拉队队员"的角色，站在孩子的背后，为孩子加油鼓劲。

 ## 在孩子困难的时刻给予支持和关爱

若孩子在平时感受不到家长的支持和关爱，当他们不幸遭遇欺凌时，往往会选择向霸凌者妥协，不敢将事情告诉大人。这是因为他们平时缺乏家长的支持和关爱，会以为即使告诉父母也无法改变现状，甚至可能会遭到父母的责骂，被认为是个爱惹麻烦、胆小的孩子。

　　在孩子遭遇困难时，比如受欺负、被贬低、被嘲笑时，家长要坚定地站出来为孩子撑腰，成为孩子强大的后盾。这样，孩子才能在遇到困难时勇敢地面对，而不是选择妥协和沉默。反之，如果家长在这种情况下还对孩子进行贬低和奚落，这将对他们的心理健康造成极大的伤害。

将对孩子的支持表达出来

　　人们常说"不要看一个人说了什么，要看他做了什么"，这句话很有道理。但对于孩子而言，他们尚未具备成年人那般敏锐的洞察力，更多时候，他们是直接且单纯地通过言语来评判人和事物的。因此，我们在与孩子交流时，最好采用鼓励和正面引导的方式，而不是采用打击或挖苦的教育方式。

　　将对孩子的支持恰当地表达出来，这一点往往被家长忽视。当孩子犯错后，即便他们内心渴望改正，但若遭到大人一通劈头盖脸的批评，他们可能会觉得丢面子，进而产生逆反心理，甚至萌生"既然你认为我不够好，那我索性就这样了"的念头。

我们可以用正面引导的方式与孩子交流，比如："这次虽然犯了错，但只要你及时改正，就仍在进步的路上。""没关系，下次注意，我相信你能做得更好。"这样的表达不仅能让孩子感受到妈妈的信任与支持，还能激发他们的积极性，使他们更加坦然地面对自己的错误，并勇敢地改正。

🖐 锻炼孩子的抗挫能力

在教育孩子的过程中，家长应当给予孩子充分的信任与支持，但这并不等同于无条件地溺爱。家长要注意培养孩子的抗挫能力，让孩子明白，除了家长是他们坚强的后盾外，他们自身的坚韧和毅力是他们内在的支撑力量。

如此一来，当孩子遇到挫折和困难时，他们将能够凭借自身的力量去应对，而不是一味地依赖家长的帮助，这样的孩子才是真正坚强且自信的。

不把负能量带给孩子

孩子具有非常敏锐的感知能力，他们对周围环境和情绪的变化很敏感，容易受到外在因素的影响。在养育孩子的过程中，家长应尽量避免将消极的情绪和负面的能量传递给孩子。

我们要注意自己的情绪管理，在孩子面前妥善处理自己的坏情绪，不要把坏情绪发泄在孩子身上，以免对孩子的心理健康造成不良影响。

家长要给孩子营造一个温馨、和谐的家庭氛围，避免在孩子面前无休止地争吵。通过这些努力，孩子将在充满正能量的环境中苗壮成长，培养出健康的心理和积极的人生观。

不恶意揣测孩子的意图

在孩子犯错或者表现出不当行为的时候，我们首先应该考虑孩子的成长需求和心理状态，而不是无端地怀疑他们的动机或品质，恶意地去揣测他们的意图。比如，当孩子吃饭时不小心打破饭碗时，有的家长会一时气急，脱口而出："我看你就是故意的，不想吃就再也别吃我做的饭。"

我们应当以宽容的心态去面对孩子制造的这些"小插曲"，可以向孩子询问："哎呀，看起来你遇到了小麻烦，你可以自己处理好吗？"这样的回应，既表达了我们对孩子的关心，也给了他们一个解释和改正的机会。

✋ 避免翻旧账行为

在成长的道路上，孩子会遇到各种各样的挑战和困难，难免会犯下一些错误。这是成长过程中非常正常的一部分。

当孩子已经意识到自己的错误，并且积极地采取措施进行改正时，我们应该给予孩子充分的肯定和鼓励。这样做不仅能让孩子感受到来自大人的支持和理解，还能增强他们的自信心。

我们要关注孩子的进步和成长，帮助他们建立起积极向上的心态。家长要避免翻旧账行为，尤其是当孩子已经在努力改正错误时，不要反复揭开过去的伤疤，以免让孩子感到委屈、沮丧和挫败，打击孩子的积极性。

当孩子展现出不当的言行或暴露出某些缺点时，有些家长就会给孩子贴上负面的标签。比如，当孩子见到陌生亲戚，不敢打招呼时，家长会指责："没礼貌的孩子。"当孩子被其他小朋友欺负时，家长会说："孬孩子。"当孩子的考试成绩不理想时，家长会说："你总是这么笨。"

这些负面标签如同一把把锋利的刀，不仅会伤害孩子的自尊心，还会导致他们怀疑自己，逐渐失去自信与勇气。他们甚至开始相信，自己就是个没礼貌的孩子、永远无法保护自己的孩子，或天生的笨孩子。

家长应该用积极、建设性的语言与孩子沟通，而不是简单粗暴地用标签去定义孩子。

积极、建设性的语言是指那些能够鼓励孩子，帮助他们建立自信和自我价值感的表达方式。这种语言不仅关注孩子的行为，更关注他们的感受和想法。家长可以采用"我"语句来表达自己的想法，而不是指责孩子，例如："我有点儿担心你的学习进度，我们能不能一起制订一个学习计划？"这样的表达方式能够减少孩子的抵触情绪，使他们更愿意改进。

我们用积极、建设性的语言教育孩子，不仅有助于帮孩子建立积极的自我形象，还能促进与孩子之间形成更亲密、更健康的关系。

以身作则，乐观面对困难

孩子是会通过观察和模仿来学习和成长的，尤其是在面对困难的时候。如果家长一遇到问题就抱怨、发牢骚、说丧气话，轻易就放弃，孩子就会学习这种处理问题的方式。将来遇到问题时，他们很可能会选择逃避或放弃。

因此，家长要以身作则，展现出积极面对困难的态度，让孩子看到面对困难时应该如何坚持不懈、如何克服困难，最终解决问题。这种教育方式，不仅能帮助孩子建立起面对困难的信心和勇气，也能帮助孩子形成积极的人生态度。

给孩子试错的机会
比防范失败更重要

有一部非常经典的奥斯卡最佳动画短片，名字叫《鹬》。虽然时长只有 6 分钟，但讲述的故事却既有趣又令人深思。

鹬妈妈带着小鹬到海边觅食，当鹬妈妈看到海滩不远处有食物时，并没有直接过去把食物衔起来，喂给小鹬，而是慢慢把小鹬推到海边，让它自己去寻找食物。

小鹬蹒跚地来到海边后，忽然被一个巨大的海浪拍打到一边，十分害怕，慌忙躲回了小窝，一副不知所措的样子。后来在鹬妈妈的鼓励下，小鹬还是小心翼翼地来到海边，结果不但找到了食物，还看到了不一样的风景。

孩子在成长过程中，也像短片中的小鹬一样，不断地尝试各种新事物，不断地战胜恐惧和挑战未知。

如果家长总是阻拦孩子做他们内心渴望的事情，并在其遭遇挫折时施以责骂，长此以往，孩子会失去探索未知世界的勇气和动力。当孩子步入成年，家长不得不放手让其独立面对生活时，才会惊觉孩子已难以脱离家长的庇护。

我们应该允许甚至鼓励孩子去尝试各种不违反法律、不超出道德界限的事物，即使不成功，也不要责备孩子，耐心地与孩子沟通，共同找出失败的原因，进而引导孩子再次尝试。这种方式对于促进孩子的健康成长与持续进步是极为有益的。

引导孩子学会接纳失败

如果一个孩子在成长的道路上，只能接受快乐和顺境，而无法承受哪怕是一点点的痛苦和挫折，那么他在面对困难时可能会表现出极端的情绪反应。例如，会因为一点儿小事不如意而到处发脾气，遇到一些轻微的挫折就变得萎靡不振，甚至听到一两句负面评价就感觉自己失去了价值。这样的孩子在长大后，也很难成为一个坚韧不拔的成年人。

家长可以给孩子讲述历史上的伟大人物或身边值得学习的榜样，他们是如何克服重重困难，最终取得成功的。这些生动的例子，可以帮助孩子树立正确的成败观，让他们认识到失败并不是成长的终点，而是成长过程中不可或缺的一部分。

✋ 和孩子一起分析犯错的原因

孩子犯了错，我们不应该急于训斥，而是应该先冷静下来，询问孩子为什么会犯这样的错误。只有当孩子真正理解了自己犯错的原因，并从中吸取教训，他们才能在未来避免犯类似的错误，从而更好地成长和发展。

在孩子努力找出错误原因的过程中，家长可以不直接告诉孩子该怎么做，而是先让孩子自己反思一下，自主寻找改正的方法。这样不仅能增强孩子的自我认知能力，还能培养他们独立思考和解决问题的能力。

✋ 真诚地肯定孩子的微小成就

美国著名教育家丽塔·皮尔逊在一次演讲中，分享了自己作为老师时，处理学生答错题的方式，我觉得可以作为参考。

她提道："我曾给孩子们出了 20 道题，有一个孩子答错了 18 道，但我在他的试卷上写了一个'+2'和一个大大的笑脸。孩子拿到试卷后感到很疑惑，便过来问我，为什么自己明明不及格，我却给了他一个笑脸。我告诉他：'因为你正在进步。你没有全错，还做对了两道题。'""-18"会让孩子感觉很绝望，而"+2"却能让他们觉得自己并非一无是处。

如果妈妈能如此对待犯错的孩子，接纳他们的不足，并肯定他们取得的每一点进步，那么孩子的心灵将会得到滋养，他们会懂得犯错并不可怕，重要的是从中吸取教训，不断进步。

试想，若每个孩子都能得到一双"温柔之手"的引导，而非遭受责备与打击，那么教育的力量将会更加显著。

避免渲染失败的消极后果

当孩子表现不佳或遭遇失败时，家长应当引导他们认识到这只是成长过程中的一部分，而不是他们自身的全部。我们可以通过分

享自己的经历和故事，让孩子明白每个人都会经历挫折，但关键在于如何从中吸取教训并实现个人成长。通过这种方式，孩子会逐渐学会宽容自己，不再因失败而感到羞愧和自卑。

在人生的道路上，成功的人总是勇于面对挑战，并持续适应环境变化的。一个因害怕失败而犹豫不决的孩子，可能会错失许多宝贵的人生机遇。因此，家长应当避免渲染失败的消极后果，以免让孩子对其产生畏惧心理。敢于尝试，远比害怕失败来得更有价值。

孩子犯了错，用讨论代替责骂

我发现，一些孩子经常会言辞激烈地控诉家长：

"您为什么总说我不好？难道您就比别人优秀吗？"

"您处处看我不顺眼，那就不要看我好了！"

"您事事都要管着我，难道我不能有自己的想法吗？"

…………

为什么孩子会用对抗型的沟通方式来与家长说话呢？

究其原因，是家长平时与孩子的沟通习惯导致的。在很多家庭中，家长与孩子的沟通方式都是这样的：一旦发现孩子做了让自己不满意的事，家长马上就会批评、斥责孩子。

一位教育家曾说，孩子幼小的心灵极易受到伤害，任何粗暴、武断的教育方式都是不合时宜的。只有用温和的方式，才能走进孩子的心灵。

如果妈妈平时习惯用温和、尊重的态度与孩子沟通，效果往往胜于严苛、冰冷的沟通方式。比如，在孩子出现不当言行时，妈妈越是严厉地斥责孩子，孩子越可能将自己封闭起来；相反，妈妈用温和的语言与孩子耐心沟通时，孩子更容易向妈妈敞开心扉，也更愿意接受妈妈的教导。不仅如此，受妈妈良好的沟通习惯的影响，孩子也会擅长与人交流，从而建立和谐的人际关系。

方式要温和，态度要严肃

孩子犯错后，若遭遇家长一顿劈头盖脸的责骂，那么再次犯错时，他们可能会出于自我保护的本能，选择隐瞒或撒谎，以避免再次面对家长的责骂。

如果我们能采取温和且理智的讨论方式来解决问题，孩子的恐惧感将会大大减少，紧绷的神经也能得以放松。此时，妈妈再向孩子摆事实、讲道理，孩子往往更容易理解并接受。同时，在讨论时，妈妈要保持严肃的态度，这样才能让孩子意识到自己的错误，激发他们改正错误的决心和勇气。

擅长使用"无痕式"引导沟通

所谓"无痕式"引导沟通，其实就是用一种自然、顺畅的沟通方式与孩子交流，于无形中感染孩子，让孩子理解妈妈的言行，接受妈妈的建议。

比如，孩子房间很乱，妈妈看了很生气，就对孩子说："你的房间总是乱糟糟的，就不能收拾一下吗？为什么一点儿都不知道讲卫生呢？"孩子听完妈妈的训斥，可能感觉很不开心，甚至会生气地关上自己的房门，不想再跟妈妈沟通。而采用"无痕式"引导沟通，就可以这样表达："妈妈理解你着急上学，没有时间收拾，周末有空的话，收拾一下房间吧，保持卫生也很重要。"

这样，妈妈既没有给孩子灌输长篇大论的道理，也没有进行指责，而是通过"无痕式"引导沟通，让孩子解决问题。

立规矩，适度惩戒

犯罪心理学专家、教育心理学专家李玫瑾教授曾指出："人的成长过程中，要形成一些东西，除了爱之外，还要有敬畏。如果孩子违法了，惩罚实际上是一种保护，让他知道怕，知道后悔，以后再也不敢了，真的让他不敢了才是保护他。"

换句话说，当孩了犯了严重的错时，适度惩戒是一种对孩子有益的保护手段，是一道防止他们偏离正确道路的屏障。通过适度惩戒，孩子能够吸取教训，避免重蹈覆辙。

正如古人所言"没有规矩，不成方圆"，教育领域也是如此。给孩子立规矩，确保他们不违反法律、不违背道德，这样孩子才能对是非黑白有一个清晰的认识。同时，严格执行惩戒制度，让孩子明白做人的底线所在。

适度惩戒应当具有教育意义，而不是单纯的惩罚。适度惩戒是通过适当的手段引导孩子认识错误，并帮助他们改正，而不是粗暴地打骂，让他们感到恐惧或羞辱。

在实施惩戒时，应当注重引导孩子理解犯错的后果，帮助他们学会自我反省，避免将来再犯同样的错误。同时，家长在惩戒过程中要保持冷静，避免情绪化的言行，以免对孩子造成心理伤害。

激发孩子的"三重感"

"快一点儿"是很多家长在孩子耳边不断重复的一句话。在不经意间，我们的语气中还会流露出一丝不耐烦，夹杂着急切与烦躁，迫切希望孩子能即刻有所改变，能够迅速达成我们的期望和要求。

然而，在这种不断催促中，孩子的反应往往呈现出两个极端：一者，顺从家长的意愿，试图加快自己的步伐，但内心却承受着巨大的压力，甚至可能因此产生焦虑和不安；再者，选择反抗，故意放慢节奏，甚至采取"破罐子破摔"的态度。

有时候，慢一点儿也是一种智慧。家长的耐心等待和适时引导，往往比一味地催促更能培养出一个有创造力和解决问题能力的孩子。

要想让孩子真正独立起来，我们必须耐心地引导他们从做一件事中获得自主感、胜任感和价值感。当孩子拥有这"三重感"时，他们会明白改变不是为了满足家长的期望，而是为了自己的成长和发展。在这种认知的驱动下，他们将更愿意主动寻求改变。

任何外力都只能起辅助作用，只有孩子自己愿意做出改变了，才能带来真正且持久的改变。因此，我们要避免拔苗助长，也不必嫌弃孩子慢，只要他们在正确的道路上保持一颗上进心即可。时间会见证孩子的成长和变化，终有一天我们会看到他们的巨大改变。

维护孩子的自主感

赋予孩子对自身事务的掌控权。从日常生活小事开始，如让孩子自主选择穿哪件衣服，搭配哪双鞋子。给予他们机会去探索自己的喜好，表达个性。当孩子能够自主决定，他们会逐渐建立起对自我的认知，意识到自己的想法和选择是有意义的，从而激发内在的动力与创造力。

孩子主动想要做的事情，家长不要轻易否定。例如，当孩子吃完饭后主动收拾碗筷，表示要去刷碗时，我们不应阻止，更不应以"你刷不了，别添乱了，万一把碗摔破，我还要收拾"为由打击他们的积极性。

孩子刚开始尝试独立做一件事时，可能显得笨拙且缓慢，但这正是他们摸索和学习的过程。通过不断地尝试和练习，他们就能逐渐掌握正确的技巧和方法。

因此，作为家长的我们，应该在这个阶段给予孩子足够的支持，让他们感受到自己的努力是被看见和认可的。

🖐 鼓励是激发孩子胜任感的外部推手

让孩子在实践中体验到成功的喜悦。在孩子努力完成某项任务的过程中，妈妈可以及时地给予孩子积极的肯定，让孩子感受到自己的成就和进步。这样，孩子在成长的过程中就会逐渐建立起胜任感，认为自己在处理这类事情上具备足够的能力。

例如，当孩子第一次自己洗衣服时，妈妈可以对孩子说："洗得真干净，闻起来香香的，太棒了！"这样的正面反馈，可以让孩子感到自己有足够的能力完成这项任务，并且会更有动力去尝试和学习新的事物。

🖐 提升孩子的价值感

什么是让孩子有价值感？简单来说，就是让孩子感受到自己所做的事情是有意义的。

举个例子，孩子在学校学会了算术，一家人外出吃饭时，可以让孩子来算账并付钱。这能让孩子感到自己学的知识是有用的，家人是需要并且认可他的。孩子会对自己的表现感到自豪，从而愿意投入更多的时间和精力去学习和成长，追求更高的目标。

随着孩子的成长，这种价值感的培养也会逐渐深入。例如，当孩子逐渐长大，家长可以鼓励孩子参与社区活动或志愿服务。通过帮助他人，孩子不仅能感受到自己的价值，还能培养同情心和社会责任感。

会"偷懒"的妈妈并非不负责，而是在教育中掌握了适时参与和隐退的艺术。在涉及原则性问题时，她们会果断地站出来，为孩子提供必要的指导。在需要孩子独立解决问题时，她们会退后一步，给孩子足够的空间去探索、犯错、学习、进步。

她们明白，过度干预会剥夺孩子成长的机会，而恰当放手则能让孩子在实践中学会自我管理，培养解决问题的能力，并逐渐形成自己的价值观、人生观和世界观，成为一个有主见、有责任感的人。

第七章

会"偷懒"的妈妈：
孩子高瞻远瞩，有主见

妈妈恰到好处地放手

在孩子成长的过程中，妈妈的角色定位会自然而然地发生渐进式的变化。最初，妈妈如同一位无微不至的包办员，将孩子照顾得周道至极。随着孩子逐渐成长，妈妈开始从直接参与转为间接引导，其角色也悄然转变为监督员。在这一阶段，妈妈密切关注着孩子，在关键时刻给予建议和指引。最终，当孩子迈向成熟，妈妈则要完全放手，让孩子独立面对挑战与考验。

妈妈需要恰到好处地逐步放手，既不能操之过急，也不能犹豫不决。操之过急可能会让孩子因为准备不足而感到挫败，犹豫不决又会阻碍孩子自立自强的步伐。放手不仅是一种行为，更是一种智慧，需要妈妈在实践中不断修炼与提升。

支持孩子完成力所能及之事

孩子每天的生活基本是围绕着衣食住行和学习展开的，尽管这些事情每天都在重复，但很多妈妈仍然不太相信孩子能独立处理好这一切。比如，早上上学时，妈妈会叫孩子起床，帮孩子穿好衣服、鞋子；晚上放学后，妈妈会全程陪着孩子写作业，还要帮忙检查作业。其实，我们越是在哪方面不信任孩子，孩子就越难做好。孩子需要自我成长的空间，这样他们才能有机会独立面对和解决问题。

在生活方面，妈妈不妨适时放手，让孩子在尝试与挑战中学会自我管理和承担责任，体验到成为"小大人"的成就感。在学习方面，妈妈可以逐渐从监督者转变为引导者，培养孩子自主学习的能力。

每个孩子的潜力都是巨大的，家长给予他们足够的引导和信任，他们会尽可能地完成自己能力范围内的事情。

教会孩子敢于放弃

教会孩子选择，即引导他们学会深思熟虑、权衡利弊，从而作出最符合自身利益的决定。同样至关重要的是，我们还需要教会孩子敢于放弃。当面对那些不切实际的目标或已不再适合自己的选择时，鼓励孩子勇敢地放手，去探索更多的可能性。

作为家长，我们应当让孩子明白，适时放弃并不意味着失败，而是智慧与勇气的体现。正如古语所云："鱼和熊掌不可兼得。"很多时候，只有懂得放弃，才能更好地前行。

通过这样的教育方式，我们将帮助孩子建立起正确的得失观，让他们在面对无法得到的事物时，不会因此一蹶不振，迷失自我。从而家长也将更加安心地放手，让孩子独立面对并解决问题。

超越底线的事情绝不让步

孩子的世界充满了好奇与探索，他们会在成长的道路上不断尝试新事物，也会遇到各种诱惑与挑战。我们需要在孩子心中树立一道明确的界限，告诉他们哪些行为是可以接受的，哪些则是绝对禁止的。这不仅是为了保护孩子免受伤害，更是帮助他们建立正确价值观、形成良好品德的关键。

放手不等于放任不管，无论是法律法规还是社会道德，我们都应该要求孩子严格遵守。当孩子试图跨越这些界限时，我们必须坚决地予以制止。

会管理时间的孩子，才能管好自己的人生

作业本找不到了，我不想去上学了！

快要迟到了，怎么还没收拾好?!

许多妈妈都经历过这样的场景：早晨火急火燎地送孩子上学，临出门时，孩子突然说："啊，我的笔袋忘记带了！""糟糕，语文作业找不到了！"没办法，妈妈只好一次又一次地朝孩子吼："不是跟你说过了吗？让你早点准备好！"但无论妈妈怎么耳提面命，孩子仍然我行我素。这时，如果回去拿东西，孩子可能就会迟到。于是，妈妈只能急急忙忙先送孩子去学校，再返回家帮孩子拿好东西，送到学校。结果，自己可能因此上班迟到了，整整一天，自己的心情都很糟糕。

实际上，孩子做事拖延、磨蹭、不自律，不催促就不肯去做，主要根源就是孩子对时间的认识不够，不懂得合理管理自己的时间。想要改变这种情况，就要教孩子学会管理好自己的时间。

会管理时间的孩子，不仅知道怎么让时间发挥最大价值，还在这个过程中学会了如何规划自己的未来。请相信，时间是最公平的裁判，珍惜每分每秒的人，更容易拥有光明的未来。

让孩子意识到，管理时间是自己的事

有些妈妈在帮孩子规划时间时，喜欢事无巨细，比如规定孩子在早上七点开始进餐，晚上十点上床入睡。如果孩子不按照计划来，妈妈往往会采取批评乃至惩罚的手段以督促孩子遵守。这样一来，孩子可能会感受到来自妈妈的持续性压迫，进而产生焦虑与紧张的情绪。不仅如此，孩子还可能会逐渐丧失自我约束的能力，变

得依赖妈妈的催促和监督才能完成任务。

为了培养孩子的主动性和自我管理的能力，妈妈应当避免给孩子制订过于细致的时间计划。让孩子知道，管理时间是他自己的事，不是家长的事。

给予孩子一定的自由，让他们自己决定何时开始某项活动，何时完成某项任务，孩子的自理能力和责任感都能得到提升。这样的教育方式更有助于孩子日后在没有外界督促的情况下，也能有条不紊地安排自己的时间和活动。

和孩子沟通，为事情设定一个期限

孩子小时候对时间概念不太清晰，妈妈会尽力帮他们制订明确的计划，无论事情大小。然而，我们的初衷并不是要孩子完全听从妈妈的安排，比如妈妈说什么时间写作业、什么时间睡觉，孩子就得照做。我们的目的是在帮助孩子学会时间管理的同时，变得自觉和自律。

例如，孩子正在玩游戏，但你觉得他该写作业了。妈妈可以和孩子商量："你打算再玩几分钟，然后去写作业呢？"孩子会给出一个时间，比如 10 分钟。那么，妈妈和孩子就约定好："好的，那就再玩 10 分钟，然后就去写作业。"

这样的约定，不仅让孩子感受到了被尊重，也让他们开始意识到时间是有限且宝贵的。在等待的 10 分钟里，孩子可能会不自觉地加快游戏节奏，或是提前结束游戏，因为他们的心中已经有了接下来要完成的目标。

🖐 使用可视化时间管理工具，让时间看得见

家长可以借助可视化时间管理工具，将时间从抽象的概念转化为具体可感的形式，增强孩子对时间的感知能力，进而提升他们的学习效率。

具体做法是，家长可以在孩子容易看到的地方放置一个计时器或沙漏。当孩子想要先玩一会儿再写作业时，家长可以启动计时器或沙漏，让孩子更直观地感受时间在流逝。当计时器响起或沙漏里的沙子全部流完，孩子就知道是时候停止玩耍，开始写作业了。

时间管理表格也是一个好帮手。每天或每周，我们可以和孩子一起制定一个任务清单，并为每个任务分配好时间，完成任务后在表格上打勾。孩子完成的情况好时，家长可以予以适当的奖励，这既可以是物质上的小惊喜，也可以是精神上的温暖鼓励。让孩子看到自己的进步和成就，以此激励他们更加积极地管理自己的时间。

借鉴 "SMART" 目标管理法，锻炼孩子自己去做

　　有句话说得好："好的父母懂得守望孩子，让孩子自由成长；坏的父母只会替孩子决定一切，让孩子被动成长。"的确，家长对孩子的过度安排和帮助，很容易让孩子丧失独立的人格。所以，在日常生活中，我们不妨多给孩子引导和鼓励，然后把需要孩子做的事情交给他们自己去完成。

　　"SMART"目标管理法，是一种旨在引导人们科学、合理地制定目标的管理方法，它的提出者是现代管理学之父彼得·德鲁克。在家庭教育领域，家长也可以借鉴这种方法，可以帮助孩子更好地设定目标，培养他们的计划性和执行力。

　　"S"是 Specific，即具体的，这意味着目标需要明确具体，不能模糊不清。"M"是 Measurable，即可衡量的，这意味着目标需要有明确的衡量标准，以便于跟踪进度和最终评估结果。可衡量的目

标可以是数量、质量、成本或时间等。"A"是 Achievable，即可实现的。目标应当是现实的，既不能过高，也不能过低。过高可能令人感到沮丧，过低则无法激发潜力。"R"是 Relevant，即相关的。拆分的小目标需要与总体目标相一致，确保不同阶段的努力是朝着共同的方向前进的。"T"是 Time-bound，即有时间限制的。为每个目标设定一个明确的完成时间，可以增加紧迫感，使人在规定的时间内完成任务。

 ## 制定具体的而不是抽象的目标

当我们期望孩子完成某项任务时，为孩子设定的目标应当具体且明确。以整理房间为例，我们应当清晰地告知孩子："被子叠起来，地上的垃圾捡到垃圾桶内。"而非仅笼统地要求："把房间收拾整洁。"

同样，当期望孩子完成学习任务时，我们应当具体地指导孩子："今天要完成 5 道数学题，并阅读 1 篇英文短文。"而不是模糊地要求："今天要把作业做完，还要读点英语短文。"

当目标明确且具体时，孩子更容易理解和执行，从而减少迷茫和焦虑。一旦清楚地知道每一步该做什么时，孩子便能逐步培养出独立完成任务的能力。

目标需要有明确的衡量标准

目标需要有明确的衡量标准，这样才能确保孩子在实现目标的过程中不会偏离方向。举例来说，如果目标是鼓励孩子多阅读，那么可以将这个目标量化为每月至少阅读 1 本课外书。再比如，希望孩子养成良好的运动习惯，那么可以将这个目标量化为每周至少进行 3 次体育锻炼，每次不少于 30 分钟。

家长还要定期与孩子一起评估目标的完成情况，如果孩子在实现目标的过程中遇到困难，我们要耐心指导并提供必要的帮助，而不是一味地施加压力。

目标是孩子通过努力能达到的

在设定孩子的目标时，我们要考虑孩子的实际状况和潜在能力。任务的难度应当匹配孩子的能力，既不应过于简单，使他们感到无聊和缺乏成就感，也不应过于困难，使他们感到挫败和无力。我们要确保目标设定是合理的，是孩子在付出努力后能够实现的。

如果面对的是一个较大的目标，我们可以采取分步骤的方法，将其分解为若干个小目标。每个小目标都是孩子力所能及的，通过实现这些小目标，孩子可以逐步积累成就感。这不仅能够激励孩子继续前进，还能帮助孩子逐步接近最终的大目标。

小目标引领大未来

在设定具体的小目标时，必须确保它们与总体目标紧密相连，以保证在各个阶段的努力都朝着同一方向推进。

例如，若孩子立志将来成为作家，那么广泛阅读书籍、勤练写作技巧等便构成了一系列具体的小目标。这些小目标有助于孩子逐步提高写作能力，确保他们在实现总体目标的道路上始终保持正确的方向。

目标要有时限

为每一个目标设定明确的时限，这样可以有效地提升孩子的紧迫感，进而推动孩子更加高效地完成任务。

例如，孩子的目标是读完一本书。这个目标由于缺乏时间限制，孩子对目标的紧迫感可能不会太强烈。家长应当引导孩子设定一个具体的时限，比如在接下来的一个月内读完这本书。

　　通过设定明确的时间限制，目标变得更加具体且紧迫，这有助于孩子更好地管理自己的时间，并且有效地完成任务。

为孩子提供独自花钱的机会

在我儿子 10 岁时，有一次，我给他的电话手表中存入 50 元钱，并告诉他可以自由支配使用这些钱，不用征得大人的同意。

一个周末，儿子在楼下碰到了 4 个同学，就跟同学一起玩去了。过了一会儿，他提着 4 瓶矿泉水回来了，还耷拉着脑袋，不太高兴的样子。我问他怎么了，他说："妈妈，我给他们每个人都买了 1 瓶矿泉水，他们不喝，只想喝饮料，哼！他们还想用我的钱去抓娃娃，但我没答应，真是浪费钱。"

我看着他，笑着说："原来你也会省钱了啊！"

有的妈妈可能不理解我这种做法，认为：为什么要给孩子钱，让孩子随便花呢？孩子想要什么，家长给买不就行了？把钱给了孩子，孩子肯定会乱花啊！

家长担心把钱交给孩子后，孩子会乱花，这也正常，毕竟孩子年纪小，对金钱还没有太明确的概念。

不过，孩子总有一天要独立，要自己面对各种生活问题。我们与其现在帮孩子决定怎么花钱，倒不如给孩子自由消费的机会，引导孩子建立健康的消费观，学会管理金钱。

 和孩子一起制订购物清单

经常听朋友谈论自己的孩子："我从来不敢带她去商场或超市，因为她看见什么都想买。"这显然是许多家长面临的共同问题，我也不例外。

从小培养孩子养成良好的购物习惯，教会孩子如何在有限的预

算内做出明智的选择。当面对琳琅满目的商品诱惑时，能够保持冷静与克制，不再轻易被冲动所驱使，看到什么就想买什么。

平时去超市购物前，妈妈可以先和孩子讨论一下都需要购买哪些物品，有些物品是否真的需要，以及它是否真的值得购买。沟通好后，再和孩子一起拟定一份购物清单，然后按照清单上所写的物品去采购。

在选购过程中，会出现同一类商品品质不同、价格不同的情况，这时我们可以向孩子传授一些基本的购物策略，例如，面对品质优良但价格较高的商品和品质一般但价格较低的商品之间，应该如何做出选择。让孩子对合理消费有一个初步的认识。

✋ 给孩子可以自由支配的零花钱

一般来说，孩子到 3 岁左右时，就明白需要用钱购买东西；6 岁多开始，妈妈就可以给孩子一些零花钱。可以买一个存钱罐给孩子，让孩子学着自己存钱，并允许孩子自己支配这些钱。

当孩子拥有"自己"的钱时，他知道一旦钱花光就没有了，可能还要一周或一个月后，妈妈才会再给自己零花钱，所以花钱时也会认真考虑。比如，孩子需要花"自己"的钱购买一件物品时，他会区分需要和想要之间的差别。如果并不是真正需要它，他可能会选择将钱存起来，等待更有意义的消费时机。

尽管我们不能期望孩子总是能理性地去消费，但至少他们开始明白，能否妥善运用金钱，完全取决于个人的选择。这便在无形中培养了孩子的财商，最终使他们能够成为善于管理自己财务的小能手。

尽量不要责备孩子乱花钱

有时候，家长看到孩子买一些玩具、零食等，就会认为孩子是在乱花钱，把钱都花在购买毫无价值的"废物"上了，因此责怪孩子："我给你零用钱不是让你乱花的！"

孩子对购物的需求和我们成年人是有很大区别的，在我们看来没用的东西，恰恰可能是他们梦寐以求的东西。如果我们经常以自己的习惯和观点责备孩子花钱不得其法，并不能帮助孩子养成正确的判断能力。

我们要明白，零用钱不仅仅是用来为孩子添置好书或是买大人认为的对孩子有用的东西，而是也可让孩子收获一些消费的教训和经验，锻炼他们的独立性和判断力。

如果你感觉孩子确实花钱没有节制，可以适当提醒他们，比如哪些物品买回来只是闲置。你的善意指引，孩子多半会欣然接受。慢慢地，孩子也会知道自己购买回来的物品是否值得，逐渐提高判断力。

与孩子定期交流心得

　　为了通过适度的自由消费来培养孩子管理金钱的能力，家长在孩子使用零花钱的过程中，不会过度干预他们的消费选择，但这并不意味着家长提供零花钱后就完全不管不问了。

　　家长应当与孩子定期进行沟通，了解他们对金钱的态度以及他们是如何支配这些钱的。通过这种方式，家长可以及时发现并纠正孩子在金钱管理上存在的错误观念，帮助他们树立健康的金钱观。

　　在与孩子交流时，我们要避免采取批判的态度，以免使孩子感到紧张或内疚，最终选择隐瞒事实或撒谎。我们应当采取一种指导性和支持性的交流方式，这样孩子才更愿意向我们坦露自己的真实想法，从而我们能更有效地引导他们正确地认识和使用金钱。

学会做人，是孩子的立身之本

明智的妈妈懂得适时"偷懒",让孩子有机会独立成长,当然还要懂得什么时候不能袖手旁观。在涉及孩子的原则问题时,妈妈绝不能掉以轻心,必须保持警觉和关注。这种张弛有度的教育方式,既培养了孩子的独立性和自主性,又确保他们不会在迷茫中偏离正轨。

一个人的"三观"不是在成年之后才形成的,而是在人的童年时期就已经开始塑造了。《说文解字》云:"教,上所施下所效也。""育,养子使作善也。"简单理解,教的意思是父母怎么做,孩子怎么学;育的意思是纠正孩子的问题并灌输正确的道理。父母做到了,孩子就会照着学,因为孩子的学习方法主要是模仿。

"三观",即世界观、人生观和价值观。先做人后做事,人做好了,事就会做顺。

作为家长,我们必须有意识地在孩子小的时候就开始塑造他们的"三观",这样,他们长大之后才能够成为品行端正的人。

带孩子开阔视野、见世面

古人云:"读万卷书,行万里路。"作为家长,我们应避免让孩子仅仅埋头于作业之中。一个见过世面、拥有广博见识的孩子,在成长的道路上将更不易被无知与狭隘所束缚。

我们可以通过带孩子旅行、陪孩子阅读等多种方式,引领他们领略世界的多彩与丰富。诚然,见世面往往伴随着一定的经济成本，但在当前互联网高度发达的背景下，我们也可以为孩子挑选适宜的纪录片，以经济、高效的方式丰富孩子的知识，提高孩子的见识，从而帮助他们培养出更为宽广的视野和包容的心态。

让家成为孩子温暖的避风港

成长环境会影响孩子的身心健康。比如，那些生活在缺乏勇气、弥漫着悲观情绪的环境中的孩子，通常很难用积极的心态面对困难。

因此，在日常生活中，家长应当通过自己的言行举止，积极传递诚信、友善、勤奋、尊重等优良品质。同时，我们还要努力营造一个温馨、和谐、充满爱的家庭环境，让孩子感受到安全和稳定，这有助于他们形成积极向上的"三观"。

让家成为孩子温暖的避风港，在这里，他们学会了爱与被爱，学会了责任与担当，也学会了如何成为一个有温度、有情感、有追求的人。

向孩子传递健康的"三观"

随着孩子成长，妈妈可以在恰当的时机，向孩子坦诚地分享自己的"三观"。无论是关于家庭、友情的深刻理解，还是对离别的独到见解，这些深层次的交流都能为孩子提供宝贵的指引与启迪。同时，倾听孩子的想法与困惑，给予他们引导与帮助。例如，妈妈可以分享自己对某些社会现象的看法，引导孩子形成正确的社会观念。这不仅是开放且真诚的交流，也是价值观的传递。

在孩子以后走出家庭，步入社会后，他们会带着妈妈给予的智慧，不被外界的纷扰所迷惑，始终保持一颗清澈的心。

生涯规划赶早不赶晚

很多学生到了大学毕业时才会思考：我以后做什么工作？什么职业能实现自己的价值？而在初、高中时，他们对职业的概念还比较模糊，甚至除了日常接触得较多的职业外，几乎不清楚社会上还有哪些具体的职业。也有部分初、高中学生能说出自己的人生理想，可对于实现理想该具备什么能力、怎样才能拥有这些能力等问题却没想过。

孩子的生涯规划，不仅是对一份工作的设想，也是决定怎样走过一生的总体规划，可以为孩子的未来奠定基础。

培养孩子的生涯规划意识，能够使孩子对自己的兴趣、个性、能力等有所了解，有明确的学习和成长目标。提高孩子对生活、学习的整体规划能力，可以让孩子在成长的路上少走一些弯路。但是在现实中，家长对培养孩子的生涯规划意识往往不够重视。

一个孩子只有真正认识了自己的优势、资源、渴望，才能真正有力量走向他所期望的未来。家长应该从小培养孩子的生涯规划意识。

兴趣导向，培养专长

　　每个孩子都有自己的爱好与天赋，妈妈需要细心观察，发现并支持孩子的兴趣点，帮助他们深入学习和探索，比如鼓励孩子参加

兴趣班、加入社团等，让孩子能在自己热爱的领域逐渐积累经验和提升技能，为未来的职业生涯奠定坚实的基础。

家长应尊重孩子的兴趣与选择，引导孩子设计自己的生涯规划，而不是家长根据自己的喜好设计并强加给孩子。

我们要做孩子成长道路上的引路人和支持者，不做强制者和把持者。

🖐 目标设定，规划路径

我们要帮助孩子认识自我，帮助他们了解自身的优势和劣势，并分析社会中潜在的机遇与挑战，从而促使孩子以理性和务实的态度，确立长期目标。

同时，我们也要让孩子明白，理想是高于现实的，要想将美好的愿景变为现实，离不开不懈地努力。这就需要教会孩子对目标进行有效分解，制定出能实现长期目标的短期目标，以确保孩子能够稳步前行，逐步实现自己的理想。

举例来说，小明是一名对航天充满热情的小学生，他的梦想是长大后成为飞行员，这就是他的长期目标。由此，小明妈妈激励他明确需要努力学习的科目，设定考上优秀初中的目标，等等，这些都是为实现长期目标而拆解出的短期目标，有助于小明逐步实现自己的航天梦。

即使孩子以后的长期目标发生了变化，那些为实现短期目标所付出的努力，也早已在他们成长的道路上留下了坚实的足迹，让他们变得更优秀和强大。

正确看待实现梦想的过程

梦想并不是一成不变的，而是具有可调整性的，不要仅凭"三分钟热度"的偏见来定义孩子。要具体看待，根据孩子的实际情况灵活调整目标，以适应不断变化的环境和个人成长的需求。

当然，如果你的孩子确实是容易"三天打鱼，两天晒网"的类型，家长要发挥督促作用，让孩子明白理想的实现从来不是一帆风顺的，途中会遇到各种意想不到的困难和挫折。只有以坚韧不拔的精神去面对挑战，以顽强的毅力去冲破艰难，才能成为理想的自己。